명분과 의리의 **김상헌**이냐
현실과 변통의 **최명길**이냐

명분과 의리의 **김상헌**이냐
현실과 변통의 **최명길**이냐

2011년 04월 11일 초판 1쇄 인쇄
2011년 04월 15일 초판 1쇄 발행

글쓴이 : 김용희 | **그린이** : 양창규 | **감수** : 송민호
펴낸이 : 김정남 외 | **펴낸곳** : 도서출판 마들
주 소 : 경기도 고양시 일산동구 장항동 750-1 대우메종리브르 711호
전 화 : 031) 911-9906 | **팩스** : 031) 919-9906

주간 : 오세기 | **편집** : 박수연

ⓒ 김용희
ISBN 978-89-964416-8-7 74900

* 이 책은 저작권법에 의해 보호를 받으므로 무단 전재와 복제를 금합니다.
* 잘못된 책은 구입하신 서점에서 바꾸어 드립니다.

정가 9,500원

병자호란과 두 충신을 통해 배우는
우리 역사의 교훈

명분과 의리의 **김상헌**이냐
현실과 변통의 **최명길**이냐

글 김용희 | 그림 양창규 | 감수 송민호

마들
도서출판

# 프롤로그

예로부터 우리나라는 외침이 잦은 나라였습니다. 고려 때 몽골의 침략이나 조선 중기 때 일본의 침략 그리고 청나라의 침략 등은 나라가 위태로운 상황까지 가는 아주 중요한 사건들이었습니다. 근대에 들어서도 일제강점기라든가 6·25전쟁 등 중요한 사건들이 있었지요.

지배층이 어떤 이념을 가지고 그런 위급한 상황에 대처하는가에 따라 고려 시대에는 원의 속국처럼 지내기도 했고, 왜란이나 호란 때는 백성 전체가 괴로움에 시달리기도 했습니다.

17세기 초에는 대륙에서 명나라와 청나라가 서로 힘겨루기를 하면서 중원을 차지하려고 했습니다. 이때 약소국이었던 조선은 양국의 눈치를 보며 중심을 잡아 나가야만 했습니다.

명나라와 청나라의 교체 시기에 조선의 지배층은 어느 나라와 친분 관계를 맺는가를 놓고 둘로 나뉘어 대립하기도 했습니다.

이 책에 나오는 김상헌과 최명길은 그 대립의 정점에 서 있던 인물

들입니다. 둘 다 어린 시절부터 성리학을 공부하고 그 이념 안에서 왕도정치, 즉 왕이 도의에 따라 백성을 위하는 정치를 실현하고자 했습니다.

그런데 나라의 위기 상황에서 둘은 자신의 신념에 따라 다른 선택을 하고 최선을 다했습니다. 청나라라는 새로운 강대국을 어떻게 대할 것인가에 대한 의견이 달랐기 때문입니다.

과연 누구의 선택이 좀더 현명하고 올바른 것이었을까요? 만약 독자 여러분이 이 두 사람의 입장이었다면 어떤 선택을 했을까요? 누구의 입장에서 어떻게 행동을 했을지 김상헌과 최명길의 이야기를 통해서 생각해 보세요. 그리고 앞으로 우리나라가 국제 정세 속에서 어떤 자세로 어떤 선택을 하는 것이 좋을지 판단해 보길 바랍니다.

지은이 김용희

프롤로그 … 4

청나라의 침략
청나라의 침략에 대로를 열어주다 … 14
후금 세력의 확장과 정묘호란 … 25

남한산성으로 옮겨간 조선 왕실
맞서 싸울 것인가 화친할 것인가 … 38
찢는 사람과 붙이는 사람 … 47

김상헌과 최명길의 대립
같은 사상 다른 행동 ··· 60
예외 없는 예법과 시대에 따른 예법 ··· 70
청렴 강직한 김상헌과 실리 변통의 최명길 ··· 76

병자호란의 결과
삼배구고두례 ··· 84
명분과 의리 속에 떠난 자와 지킨 자 ··· 92

감옥에서 만난 김상헌과 최명길
오랫동안 맺힌 오해, 웃음으로 풀다 ··· 102
다시 조선으로 돌아온 두 사람 그리고 그 이후 ··· 113

에필로그 ··· 123

1636년 병자년에 청나라가 조선을 침략하자
김상헌과 최명길은 서로 다른 의견으로 대립합니다.
과연 그들은 어떤 선택을 했으며,
전쟁의 결과는 어떠했을까요?

청나라의 침략

청나라의 침략에 대로를 열어주다

 1636년 12월, 청나라 황제 태종(홍타이지)는 10만 군사를 이끌고 조선으로 향했다. 청나라 장수인 마부태는 선발대와 함께 한양을 향해 진격했다. 청나라 황제는 명나라와의 관계를 끊고 청나라를 황제의 나라로 섬기라고 조선을 협박했다.

 조정에서는 이 문제를 놓고 서로 다투고 있었다. 오랑캐를 황제라 부르고 고개를 숙일 수 없다며 무조건 싸워야 한다는 '척화파'와 힘이 없으니 일단 친하게 지내다가 나중에 힘을 길러서 대항하자는 '주화파'로 나뉘어 있었다.

 특히 척화파의 격렬한 반대로 조선은 그 어떤 대응도 하지 않고 있었다. 또한 사신을 보내어 일단 달래야 한다는 의견도 무시되었다. 양쪽이 서로 대립하는 동안 청나라 군사는 조선의 국경을 넘고 있었다.

 "전하, 청나라 군사가 벌써 평안남도 안주를 지났다고 합니다."

도원수 김자점이 보낸 서신 내용을 보고 받자 인조와 대신들은 모두 놀라서 웅성거렸다.

"아니, 그렇게까지 올 동안 왜 아무 연락이 없었는가? 백마산성을 지키는 임경업 장군은 어찌 되었는가?"

인조는 놀라서 물었다. 조선의 제16대 임금으로 선조의 손자이며 광해군의 조카인 인조(1623년 3월~1649년 5월)는 1623년 3월 서인들과 힘을 합쳐서 광해군과 북인들을 몰아내는 반정을 통해 임금이 되었다. 임금이 되기 전에는 능양군으로 불렸다.

청나라 선봉대를 이끈 마부태는 조선 군사들이 막고 있는 산성 쪽을 피해서 대로로 직접 내달리며 사나흘 만에 한양 가까이 내려왔다. 산성을 지키던 조선군은 파발로 알리려 했으나 마부태 선봉대에게 막혀 신속한 연락조차 취하지 못하고 있었다.

"작정하고 한양으로 곧바로 내려온 듯합니다. 어서 강화도로 피난을 가시는 게 좋을 듯하옵니다."

영의정 김류가 인조에게 간청했다. 김류는 인조반정을 주도한 공으로 영의정이 되었다. 반정 당시에 김류가 약속 시간을 지키지 않아 이괄이 대신 김류의 군사를 이끌고 궁으로 쳐들어가는 바람에 둘의 사이가 틀어졌다. 이로 인해 김류는 일등공신이 되고 이괄은 이등공신이 되면서, 나중에 이괄의 난이 일어나는 계기가 된 인물이다.

"설마 깊숙이 들어오기야 하겠느냐. 지난 번 난리 때도 피난을 갔었지만 적군이 강화도까지 내려오지 않았잖는가?"

인조는 고개를 저었다. 인조가 임금이 된 지 3년만인 1627년 정묘년에도 청의 침략이 있었다. 그 당시 인조는 강화도로 피난을 갔었지만 청나라 군사들은 의주에 머물면서 화친을 맺고 돌아갔다.

그 후로 10년 만에 다시 청나라가 쳐들어온 것이었다.

"적군이 가까이 오기 전에 강화 행궁을 태워 버리고 모든 군사를 모아 맞서야 합니다. 피난이라니 당치도 않습니다."

이조참판 정온이 나섰다. 정온은 처음부터 청나라에 대해 반대했던 사람으로 병자호란이 끝날 때까지 목숨 걸고 자신의 의견을 주장했다.

"정묘호란 때는 국경에서 전투가 벌어졌지만 지금은 저들이 곧바로 한양을 향해 오고 있습니다. 어서 피난을 가시는 게 좋을 것 같습니다. 혹시 모를 일에 대비해서 지난번처럼 세자저하와 따로 움직이심이 좋을 것 같습니다."

김류는 다시 한 번 간청했다. 정묘호란 때 인조는 강화도로, 세자는 전주로 피난을 가 있었다. 혹시 모를 위급한 상황에 대비하여 둘로 나뉘어 피난을 갔던 것이었다. 인조는 고민하다가 신하들에게 의견을 물었다.

"흠, 경들의 생각은 어떠한가?"

"마부태의 선봉대가 안주를 지났다면 한양으로 언제 닥칠지 모릅니다. 아무래도 대비를 하시는 게 좋겠습니다."

이조판서 최명길이 차분히 이야기하자 다른 대신들도 고개를 끄덕였다. 최명길은 인조가 반정을 준비할 때 적극적으로 의견을 내며 반정을 성공시킨 공신이었다. 인조가 많이 의지하는 신하였다.

"할 수 없군. 그럼 피난 준비를 하라. 하지만 이번엔 세자와 함께 갈

것이다."

인조가 결정을 내리자 모두가 바삐 피난 준비를 했다. 대신들은 서둘러 가족들에게 피난 준비를 시키러 돌아갔다. 궁녀와 내관들은 짐을 싸느라 바빴다. 난리 소식을 듣고 이미 도망간 자들이 많아서 일손이 부족했다.

　다음 날 종묘사직의 신주를 들고 세자빈과 원손, 봉림대군과 대신들의 가족들은 김경징을 앞세워 먼저 강화도로 떠났다. 김경징은 영의정 김류의 아들로, 이때 강화도 검찰사로 임명되었다. 하지만 후에 강화도를 제대로 지키지 못하여 사형당했다.

　준비가 끝나자 인조도 세자와 함께 서둘러 강화도를 향해 출발했다. 피난 행렬이 숭례문에 이르렀을 때 파발이 급히 달려왔다.

　"마부태의 부대가 고양을 지나 양철평까지 왔다고 합니다. 이미 적군의 일부가 강화도로 가는 길목인 양천을 막고 있다 합니다."

양철평은 지금의 마포지역으로, 마부태는 군사를 이끌고 이곳으로 오면서 일부 군사를 양천으로 보내어 인조가 강화도로 피난을 못 가도록 길목을 가로막은 것이었다.

그 소식에 피난 행렬은 서둘러 궁으로 발길을 돌렸다. 임금은 신하들에게 어떻게 하면 좋을지를 물었다. 하지만 대신과 여러 판서들은 어쩔 줄 몰라 서로 눈치만 살폈다. 이때 전 철산부사인 지여해가 나섰다.

"청나라 군사가 3일도 안 되어 양철평까지 왔다면 분명 군사와 말이 피로하고 허기져 있을 것입니다. 군사들과 중간에 숨어서 기다렸다가 청나라 선봉과 맞서 싸운다면 그 사이에 전하께서는 강화도에 도착할 수 있을 것입니다. 부디 500명의 정예병을 주신다면 제가 가서 치겠습니다."

지여해는 목숨 걸고 나가 싸울 각오로 말했다. 지여해는 정묘호란 때 공을 세운 장군으로 송시열의 외조부였다. 체찰사를 겸하고 있는 김류의 비장(수행원)으로, 후에 남한산성에서 청나라 군사와 싸우다 전사한다.

"청나라 군사가 얼마인지 모르는데 정예병 500명을 희생시킬 수는 없습니다. 신이 적진으로 나가 보겠습니다."

최명길이 앞으로 나서며 말했다.

"그게 얼마나 위험한 일인 줄 알고 그러는 게요?"

다른 신하가 말렸다.

"종묘와 사직이 위태로운데 어찌 가만히 있겠습니까? 신이 저들의 진영으로 가 보겠습니다. 가서 10년 동안 사이좋게 지냈는데 이렇게 군사를 움직여 쳐들어 온 것은 무슨 이유냐고 따져 묻겠습니다. 저들이 만일 신의 말을 듣지 않고 신을 죽인다면 어쩔 수 없겠지만 다행히 서로 대화를 하게 된다면 선봉대를 늦출 수 있을 것입니다."

최명길은 인조에게 간곡히 말했다.

"경 혼자 어찌 가려고 그러오?"

인조가 걱정스레 물었다.

"동중추부사 이경직을 데리고 가면 든든할 것입니다. 그리고 신의 생각으로는 한양에서 가까우면서 적을 방어할 수 있는 곳은 남한산성밖에 없습니다. 신이 가 있는 동안 전하께서는 수구문을 통해 속히 남한산성으로 피하십시오."

인조는 최명길의 의도를 곧 깨닫고 그리 하도록 했다.

"이경직과 금위군을 불러 함께 가도록 하라."

인조는 최명길에게 자신을 호위하던 금위군 20명을 붙여 주었다.

하지만 최명길이 출발하자 함께 따라나섰던 금위군은 모두 뿔뿔이 도망쳤다. 이경직과 비장 1명만 남아서 최명길의 뒤를 따랐다.

적장 마부태 주둔 진지에 도착한 최명길은 쳐들어온 연유를 물었다. 그러자 마부태도 인조를 만나 이야기하겠다고 했다. 최명길이 마부태를 만나 시간을 끌고 있는 동안 인조와 신하들은 송파나루를 건너 남한산성으로 무사히 피난을 갔다.

관직을 내놓고 조정에서 떠나 있던 김상헌은 인조가 남한산성으로 피난갔다는 소식을 듣자 남한산성으로 따라 들어갔다. 저녁이 되어서 이 사실을 알게 된 마부태는 최명길을 죽이려고 했다. 하지만 다른 장수가 최명길을 죽일 경우 화친을 이야기할 수 있는 사람이 없어지게 된다며 말렸다.

간신히 목숨을 구한 최명길은 청의 요구를 인조에게 전달했다. 세자와 척화대신을 내놓으라는 요구였다. 역사상 가장 치욕스런 순간을 남긴 병자호란은 이렇게 시작되었다.

후금 세력의 확장과 정묘호란

그렇다면 청나라는 왜 조선을 침략했을까? 이를 알기 위해서는 당시 조선을 둘러싼 주변 국가와 조선과의 관계를 살펴봐야 한다.

당시 조선은 명나라와 청나라 사이에 끼어서 눈치를 보고 있었다. 중원을 차지하고 있던 명나라는 임진왜란에 신경 쓰느라 주변을 돌볼 틈이 없었다. 이때 여진족의 추장 누르하치가 후금을 세웠는데, 전쟁과 내란으로 명나라가 약해진 틈을 타 세력을 점점 확대시켰다. 그러다가 태종 때에 이르러 청나라로 이름을 바꿨다.

임진왜란이 끝난 뒤 온 나라가 엉망이 된 조선은 전쟁 피해로부터 벗어나는 데 온 힘을 기울여야 했다. 하지만 이 두 나라의 눈치를 보느라 조선은 전쟁의 피해를 복구하는 일에 몰두할 수가 없었다. 그래서 광해군은 양쪽 나라와 교류하는 실리 외교를 택했다. 일단 임진왜란으로 엉망이 된 나라를 재건해야 했기 때문이었다.

하지만 명나라는 임진왜란 때 자신들이 도와준 은혜를 생각하라며 조선에게 군사를 보내라고 요구했다. 광해군은 버티다가 어쩔 수 없이 군사를 보내어 심하전투에서 후금과 싸웠다. 하지만 따로 서신을 보내 후금에게 그 사정을 설명하고 이해를 구했다.

당시 대신들은 이런 광해군의 태도에 반대하고 나섰다. 후금과 교류하는 것은 부모의 나라인 명나라를 배신하는 것이라고 생각했기 때문이었다.

1623년 3월, 인조반정이 성공하면서 조선은 후금에 대한 태도를 바꿨다. 명나라와 친하고 후금은 배척한다는 '친명배금'이라는 외교정책을 내세운 것이었다.

이때 최명길은 "후금과 겉으로는 화친을 맺고 안으로는 군대를 양성하여 명과의 의리를 저버리지 않겠다"는 '친명화금'을 주장했다. 하지만 친명배금을 주장하는 척화파의 반발만 샀으며, 조선의 입장은 변하지 않았다.

그 와중에 후금의 3만 군사가 조선을 쳐들어왔다. 1627년 1월 13

일, 이것이 후금의 첫 번째 침략이었다. 전 임금인 광해군을 위해 원수를 갚는다는 이유로 후금의 태종은 군사들을 보내어 의주성과 안주성을 함락시켰다. 인조는 이미 강화도로 피난을 갔지만 후금은 더 이상 진격하지 않고 의주에서 화친을 요구했다.

강화로 피난을 간 조정은 의견이 나뉘어져 있었다. 이때 최명길이 나섰다.

정묘호란 당시 후금의 침략 이유

후금은 전 임금인 광해군의 원수를 갚는다는 이유로 조선을 침략했다. 하지만 진짜 이유는 다른 데 있었다.

첫째는 모문룡 때문이었다. 명나라 장수 모문룡이 요동지방을 되찾는다며 평안북도 가도 지역에 머물며 조선에 식량과 병기를 요구했다. 하지만 후금은 이를 인조가 원조하고 있다고 여겼기 때문이었다.

둘째는 조선이라는 배후 세력을 잠재우기 위해서였다. 명나라와 계속 싸워야 하는데 등 뒤에 있는 조선이 거슬렸다. 그래서 조선을 겁을 주어 후환을 없애고 자신들의 힘을 과시하기 위해서였다.

셋째는 식량과 물자를 확보하기 위해서였다. 명나라와 계속 싸워야 했던 후금은 명나라와 손을 잡고 있던 조선을 힘으로 정복하여 부족한 식량과 물자를 보충해야 했다.

후금은 첫 침략 때 조선과 형제 관계를 맺으면서 조선에게 명나라 연호를 쓰지 못하게 했고 왕자를 인질로 데려가려 했으며 식량을 챙겨 돌아갔다. 그리고 매년 조선에서 보내는 세폐(음력 10월에 보내던 공물)와 물자를 가지고 명나라와 전쟁을 벌이는 데 온 힘을 기울였다.

"그들의 조건은 형제 관계를 맺자는 것이니 명나라를 배신하는 것이 아닙니다. 일단 급한 불은 끄고 보는 것이 좋습니다. 달래어 보낸 뒤 힘을 길러 복수하면 됩니다."

당시 조선 군사들은 후금 깃발만 보여도 도망가는 판국이었다. 이런 상황에 놓이자 인조는 최명길의 의견을 받아들였다. 후금은 조선과 형제의 맹약을 맺은 다음 쌀 삼천 섬을 받아들고 돌아갔다. 사실 후금은 물자조달을 위해 조선으로 쳐들어온 것이었다. 그래서 위협만 하고 화친을 맺은 것이었다.

명나라에 가 있던 김상헌은 뒤늦게 후금이 쳐들어온 소식을 듣고 명나라에 원군을 요청했다. 임경업 장군도 전라도에서 군사들을 이끌고 올라오고 있었다. 하지만 이미 조선이 후금과 형제 관계를 맺은 뒤였다.

후금 군사가 돌아간 뒤 척화파들은 최명길을 물고 늘어졌다.

"전하, 패전한 장수에게 책임을 물어 참하셔야 합니다. 전하를 강화도까지 피난 가게 만들다니……. 임진강만 사수했어도 이런 일은 없었을 것입니다. 화친을 주장한 이귀와 최명길을 벌하여 주소서."

이 일로 인해 최명길은 후금과 화친을 맺은 책임을 지고 벼슬을 그만두고 시골로 내려갔다.

"어찌 오랑캐와 형제 관계를 맺었단 말입니까? 조금만 더 기다렸다면 명나라의 원군과 함께 후금군을 몰아낼 수 있었을 텐데 조급하게 대처를 하다니……."

김상헌은 명나라에서 돌아온 뒤 후금과 화친을 맺은 것에 대해서 인조에게 항의를 했다.

정묘호란이 있은 뒤 인조는 대외적으로 '명나라에는 사대, 후금에는 교류'라는 정책을 고수했다. 후금과 교역하는 시장인 '개시'를 열어 무역을 하고 해마다 후금 황제에게 바치는 세폐를 보냈다. 후금은 물자가 확보되자 명나라와 대등하게 맞서기 시작했다. 명나라는 점점 후금에게 밀렸다.

후금은 갈수록 조선에 요구하는 세폐 액수를 늘렸다. 조선으로서는 버거운 일이었다. 후금에 보내는 세폐뿐 아니라 가도에 있는 명나라 장수 모문룡에게도 후금 몰래 식량과 무기를 지원해야 했다. 후금과 형제 관계는 맺었지만 조선은 여전히 명나라의 눈치를 보고 있었다. 조선은 어떻게든 세폐를 줄여 보려고 했다. 하지만 후금은 오히려 명나라를 칠 병선과 군사를 요구했다. 이렇게 되자 조선은 척화의 움직임을 강하게 드러낼 수밖에 없었다.

1636년 몽골을 쳐서 원의 국새를 얻은 후금의 태종은 황제가 되기로 했다. 그 당시 조선은 인열왕후(1635. 12. 9)가 죽어 장례 준비를 하고 있었다. 몽골의 왕자들과 후금 사신들이 함께 조선으로 왔는데, 이때 몽골 왕자들이 가져온 문서가 문제가 되었다.

"아니, 어찌 이런 말도 안 되는 요구를 한단 말입니까? 천명이 명나라를 떠났으니 조선도 후금으로 귀순하라니요. 대체 오랑캐들이 무슨 생각을 하고 있다는 겁니까?"

"무슨 생각이긴요. 생각할 것도 없이 당장 저 사신을 죽이고 전쟁 준비를 해야지요."

후금의 조문 국서와 함께 온 두 장의 별지를 본 대신들은 흥분을 감추지 못했다. 인조는 후금의 국서를 받지 않고 일단 사신들을 옥에 가두었다. 이 소식을 들은 최명길은 급히 임금에게 상소를 올렸다.

"무조건 후금과 관계를 끊는 것은 너무 위험합니다. 후금과의 형제 관계를 유지하여 조문 국서를 받아야 합니다. 다만 신하가 되라는 몽골의 문서 내용은 괘씸하니 그 문서만 내치심이 좋을 듯합니다."

당장 조선이 후금에 맞설 힘이 없다는 것을 알고 있는 최명길은 좋게 사태를 풀어 나가기를 바랐다. 하지만 정묘호란 이후 명나라에 대해 죄책감을 갖고 있던 인조는 척화파의 주장을 받아들였다. 전국으로 후금과 관계를 끊고 전쟁 준비를 하라는 문서를 보냈다. 후금 사신들은 사태가 심상치 않음을 깨닫고 도망쳤다.

그 무렵 후금의 태종은 나라 이름을 청으로 고치고 황제로 즉위했다. 조선은 즉위식에 참석하는 사신을 보냈다. 아직 청과 국교를 끊은 상태가 아니었기 때문이었다.

청 태종은 조선 사신들에게 신하의 예로 절을 하라고 했다. 조선 사신들은 형제간이니 그럴 수 없다고 거절했다. 태종은 사신들을 매질한 다음 돌려보내며 조선으로 협박의 국서를 보냈다.

"아니, 명나라 황제가 멀쩡하게 계신데 어디서 감히 자신을 황제라 칭하고 우리더러 신하가 되라는 게요? 가당키나 한 일이요?"

"왕자를 보내어 사죄를 하라니. 이런 국서를 가져온 사신들을 가만 둘 수 없소."

청나라 태종의 위협에도 꿋꿋하게 버티고 겨우 살아 돌아온 사신들은 척화파들의 비난에 결국 귀양을 가게 되었다.

"의리보다 중요한 것이 종묘사직입니다. 명나라는 이미 청나라를 이길 힘이 없습니다. 유교적 명분과 의리도 중요하지만 나라를 위해 잠시 이를 굽힐 수도 있지 않습니까?"

최명길은 전쟁을 막기 위해 애를 썼다.

"명나라는 부모의 나라이고 왜란 때 우리를 도와주었소. 국가는 잠시 망할 수도 있으나

의리를 잃는다면 영원히 망한 것이나 마찬가지입니다."

예조판서 김상헌은 반대의견을 냈다. 김상헌은 인조가 반정을 일으킬 때 명분과 의리를 지키려고 모친상을 핑계로 반정에 가담하지 않았다. 하지만 그의 학문과 강직한 성품을 인정받아 예조판서의 벼슬까지 올랐다.

"전국 곳곳에는 가뭄이 들어서 농작물이 말라죽어 가고 있소. 백성들은 굶어죽어 가고 있단 말이요. 이런 와중에 그들이 침략해 오길 진정 바라는 것입니까?"

최명길은 눈물로 호소했지만 조정 대신들은 들은 척도 안 했다.

정묘년에 청나라가 침략한 것은 부족한 물자를 조달하기 위해서였다. 하지만 명나라를 위협할 만큼 세력이 커진 청나라는 이제 조선을 신하의 나라로 만들고 싶었다. 그래서 청나라는 조선에게 자꾸 무리한 요구를 했다. 어떻게든 쳐들어올 빌미를 만들고 싶었던 것이었다.

마침내 청나라 태종은 1636년 11월 26일까지 왕자와 척화파들을 잡아서 청나라로 보내지 않으면 조선을 침략하겠다고 최후 통첩을 보냈다.

　최명길은 열심히 상소를 올렸지만 이미 척화 쪽으로 기운 인조의 마음을 돌리기에는 역부족이었다. 인조는 정묘호란 때 청나라와 형제 관계를 맺은 것 때문에 죄책감을 가지고 있었다. 그래서 이번에는 척화파에게 힘을 실어 주었다.

　이때 조선의 사정을 알게 된 명나라에서 조선이 청나라의 군사를 감당하기 어려우니 청나라와의 관계를 끊지 말라는 문서를 보내 왔다. 이 문서를 받고서야 인조는 청나라에 사신을 보내기로 마음먹었다. 하지만 이미 청나라 태종이 제시한 날짜를 넘겨 버린 뒤였다.

　결국 12월이 되자 청나라 태종은 군사를 일으켰고, 조선은 다시 전쟁에 휩싸이게 되었다. 전쟁이 벌어졌는데도 조선 조정은 서로 자신의 의견만 내세우다가 급하게 남한산성으로 피난을 가게 된 것이었다.

　그럼 남한산성에 들어간 조정은 이 상황을 어떻게 해결하려고 했을까?

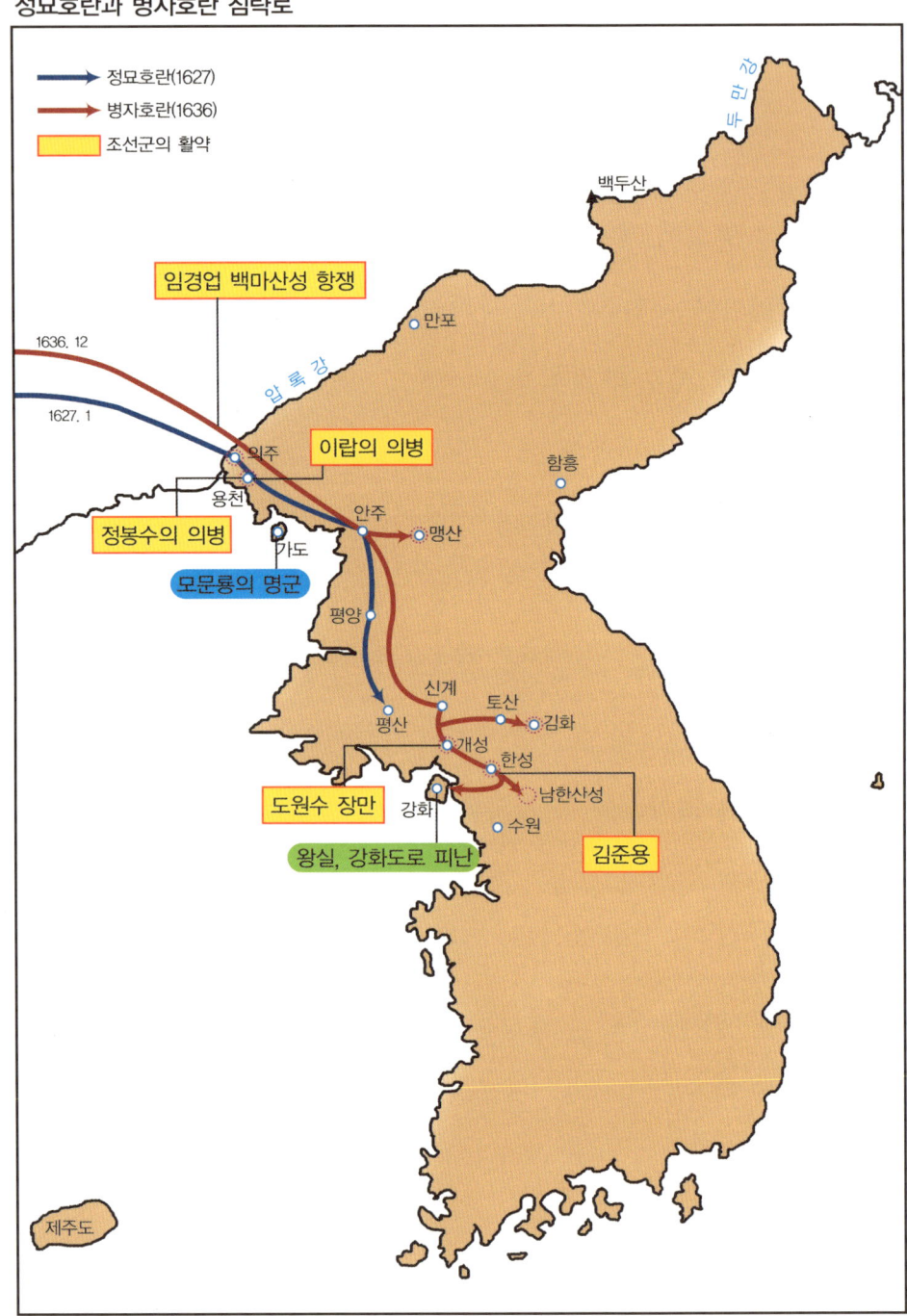
정묘호란과 병자호란 침략로

남한산성으로 옮겨간 조선왕실

맞서 싸울 것인가 화친할 것인가

청나라의 2차 침입으로 인조는 남한산성으로 피신해 있었다.

1637년 1월, 남한산성 밖에는 12만 명이나 되는 청나라 군사가 산성 주위를 완전히 포위하고 있었다. 근처 민가는 모두 불타고 백성들은 죽어 가고 있었다. 남한산성으로 황급히 도망쳐 온 지도 보름이 되어 가고 있었다.

"어찌 오랑캐를 황제라 부르고 신하로서 허리를 굽힐 수 있겠는가?"

인조는 청나라와 화친하자고 설득하러 온 여러 신하들에게 말했다. 밤새 빨리 화친을 맺는 게 좋다고 주장한 최명길은 기운이 빠졌다.

한편 이런 회의가 있었다는 것을 전해 들은 김상헌은 분개했다.

"그런 말도 안 되는 건의를 한 자들이 누구요? 내 그들을 가만두지 않겠소."

백발이 성성한 김상헌의 눈이 이글거렸다. 그의 분노에 기가 죽은

영의정 김류는 머리를 조아렸다.

청나라는 세자와 척화를 주장한 대신들을 보내라고 했다. 그러면 바로 군사들을 돌리겠다고 했다. 사실 청나라는 처음부터 세자와 대신을 인질로 보내라고 했다. 최명길이 마부태와 만난 뒤 전달한 조건이 그것이었다. 그때 척화파의 주장으로 가짜 세자와 대신을 청나라 진영으로 보냈다. 하지만 곧 가짜라는 사실이 드러났고 화가 난 청나라 태종은 진짜라고 우긴 사신을 죽여 버렸다.

그렇게 첫 협상은 결렬되었다. 그럼에도 불구하고 조정에서는 여전히 척화 대신들의 세력이 강하게 작용했다. 주화파들은 척화파 몰래 인조를 설득하려 애를 썼다.

유난히 추운 겨울이었다. 인조조차 이불이 없어 옷을 입은 채 잠들어야 했다. 양식은 떨어져 가고 병사들은 추위와 굶주림으로 괴로워했다.

얼어죽는 병사들도 생겼다. 산성을 포위하고 있는 청나라 군사들은 경기도 일대의 민가를 털어서 오히려 풍족하게 지내고 있었다. 여자들은 청나라 진영으로 끌려가고 아이들은 길거리에 버려졌다.

청나라 태종은 성 아래 삼전도에서 사열을 받고 있었다. 10만 대군이 커다란 깃발을 앞세워 대포를 쏘고 북을 울리며 청나라 태종 앞으로 행군을 했다.

청나라 태종이 왔다는 소식을 믿지 않던 신하들도 그제야 두려움에 떨었다. 하지만 서로 눈치만 볼 뿐 먼저 화친을 말하는 신하는 없었다. 이조판서인 최명길이 먼저 청나라 태종에게 문안 내용을 적은 국서를 보내야 한다고 의견을 냈다.

"청나라의 왕이 왔다는 소식에 이리도 겁을 내면서 차마 입에 담을 수 없는 이야기만 하니 신은 정말 마음이 아플 따름이옵니다."

예조판서 김상헌이 반대하고 나섰다.

"청나라 태종이 온 이상 우리가 선택할 수 있는 길은 두 가지입니다. 맞서 싸우거나 화친하는 것이오. 맞서 싸운다면 분명히 망하고 말 것이오. 나라가 보존된 후에야 비로소 와신상담도 할 수 있는 것 아니겠소? 그러니 빠른 시일 내에 가장 유리한 조건으로 화친을 해야 하오."

최명길이 강하게 주장했다.

"사람은 누구나 다 죽고, 나라마다 망하지 않는 나라가 없소. 죽기를 각오하고 싸워야지, 어떻게 오랑캐에게 무릎을 꿇는단 말이오?"

김상헌은 화친을 이야기하는 최명길을 경멸하듯 바라보았다.

"우리에겐 대항할 힘이 없소. 이대로 화친을 하지 않으면 나라가 망하게 된단 말이오. 명분과 의리도 중요하지만 나라가 망하고서야 무슨 명분과 의리가 있단 말이오? 백성들을 생각해 보시오."

최명길은 청나라 진영에 가면서 보았던 백성들의 고통과 죽음을 떠올렸다.

"명나라를 배신하고 청나라에 항복을 한다는 것은 삼강과 예의를 다 무너뜨리는 것이오. 그렇게 되면 나라가 망한 것과 무엇이 다르단 말이오? 명나라는 건국 초기부터 부모의 나라였고, 왜란 당시에는 우리를 도와준 나라요. 어찌 우리가 오랑캐에게 황제라 부르고 신하가 될 수 있겠소?"

김상헌은 떨리는 목소리로 말했다. 그의 나이 67세. 머리카락이 하얗게 세었지만 자세는 여전히 꼿꼿했다.

"어찌 하늘에 두 개의 해가 있을 수 있고 한 나라에 임금이 둘이 있을 수 있단 말이오? 그런데도 최명길은 오랑캐를 임금으로 하자고 하니 그에게 나라를 팔아넘긴 죄를 물어야 합니다."

이조참판 정온은 최명길을 벌 주기를 청했다. 윤집과 오달제 등 젊은 학사들은 척화를 지지하는 상소를 줄기차게 올렸다. 윤집과 오달제, 홍익한은 척화를 끝까지 주장한 삼사의 학사들이었다.

"최명길의 목을 베고 전하의 마음을 굳게 하소서. 예조판서 김상헌을 앞세우면 병사들도 힘이 나서 싸우려 들 것입니다."

인조를 호위하던 동양위 신익성이 칼을 잡으며 말했다.

척화파의 강한 반발에 인조는 이러지도 저러지도 못했다.

병자호란이 일어나기 전에는 척화 쪽으로 마음을 기울였던 인조였다. 하지만 피난을 온 뒤 추위와 굶주림에 시달리는 백성들을 보니 인조의 마음이 흔들렸다.

인조는 최명길을 통해 청나라의 요구와 바깥 사정을 들었다. 최명길은 밤에 몰래 암문(비밀 출입구)을 통해 청나라 진영을 왔다갔다 했다. 잘못하면 죽임을 당할 수도 있었지만 최명길은 개의치 않았다.

명나라에서는 적은 수의 군사를 구원병이라며 겨우 보내왔다. 반란과 청나라에 시달리느라 여유가 없었기 때문이었다. 하지만 그 적은 수의 군사마저 풍랑을 만나 다시 되돌아갔다. 또한 전국에서 임금을 구하겠다고 여기저기서 일어선 군사들마저 청나라 군사에게 막혀 맥없이 무너지고 있었다.

도원수 김자점은 제대로 싸워 보지도 못하고 도망쳤다. 사정이 이리 되니 남한산성을 지키는 병사들도 슬금슬금 도망쳤다.

최명길은 빨리 화친을 맺어야 피해도 줄이고 조금이라도 유리한 조건을 내세울 수 있다고 생각했다. 그래서 인조를 설득하려 애를 썼다. 김상헌은 오랑캐에게 항복하는 건 나라가 망하는 것과 같다고 생각했

다. 그래서 인조가 설득당할까 봐 계속 척화 의견을 올리고 주화파의 행동을 살폈다.

둘은 나라를 생각하는 마음은 같았으나 서로 다른 입장에서 사태를 해결하려 애쓴 것이었다. 둘이 서로 자신의 주장을 내세우는 동안 시간은 하염없이 흘러만 갔다.

찢는 사람과 붙이는 사람

보름 동안 조정은 항복을 하느냐 맞서 싸우느냐 문제로 격렬하게 논쟁을 벌였다. 성 안에는 닭 우는 소리도 들리지 않았다. 청나라 황제는 항복을 하든지 싸우든지 둘 중에 하나를 선택하라고 협박했다. 인조는 밤잠도 이루지 못한 채 어떻게 해야 할지 갈등했다.

"항복 문서 초안을 작성하도록 하라."

결국 인조는 홍서봉, 장유, 최명길 등에게 명했다. 각각 작성한 초안을 본 인조는 최명길이 작성한 초안을 선택했다. 이 소식을 들은 김상헌이 한걸음에 달려왔다.

"돌아가신 대감의 아버지께선 선비들과 벗 사이에 유명한 선비셨는데, 대감은 이런 말도 안 되는 글이나 짓다니 부끄럽지 않소."

김상헌은 항복 문서를 가로채어 찢어버렸다. 예조판서가 외교 문제를 다루는 벼슬이라 관례대로라면 김상헌이 글을 썼어야 했다.

"대감의 말이 옳습니다. 조정에는 이 문서를 찢어 버리는 대감 같은 분이 반드시 있어야 합니다. 하지만 나같이 이를 주워 붙이는 사람도 없어서는 안 되겠지요."

최명길은 눈물을 흘리며 찢어진 문서를 주워 붙였다. 그 모습을 지켜보던 병조판서 이성구가 김상헌에게 화를 냈다.

"대감께서 전부터 화친을 반대해서 나라가 이 지경에 이르지 않았소? 여기서 이러지 말고 저들 진영에나 가서 반대하시오."

"내 죽고 싶었으나 스스로 죽을 수 없었소. 대감이 나를 묶어서 적진으로 보내주시오. 내 거기서 죽겠소."

김상헌은 이성구에게 말하고는 인조 앞에 엎드렸다.

"신이 국서를 찢었으니 죽여 주십시오. 하지만 조정에 이렇게 의견이 둘로 갈라져 있을 수는 없습니다. 먼저 소신에게 벌을 내리시고 더 깊게 생각하시어 인심을 하나로 모으십시오. 군신상하 모두 한 뜻으로 싸우고 지키는 데 대비해야 합니다. 하지만 만약 청나라의 신하가 되라는 요구를 받아들이신다면 그나마 군사들에게 남아 있는 싸우려는 의지마저 사라질까 두렵습니다."

김상헌은 엎드려 흐느껴 울었다.

"세자 저하를 적진으로 보낼 수는 없소. 내 이 칼로 주화파들을 모두 베어 버리고 세자 저하가 타실 말도 베어 버릴 것이오."

이 모습을 본 신익성이 칼을 뽑아들고 외쳤다. 최명길은 찢어진 문서를 붙여서 다시 새 종이에 베껴 썼다.

"경들의 말이 옳기는 하나 이제는 어찌할 수가 없소. 종묘와 사직을 위하고 백성들을 위해서 어쩔 수 없이 내린 결정이오."

인조는 괴로운 표정을 지었다.

"전하와 세자 저하가 이곳을 무사히 빠져나갈 수만 있다면 신이 어찌 반대를 하겠습니까? 청나라에 항복해도 그들은 반드시 우리가 따를 수 없는 요구를 다시 해 올 것입니다."

김상헌은 엎드려 울면서 이야기했다. 여러 대신들도 흐느꼈다. 소현 세자는 돌아서서 엉엉 울었다. 항복 문서를 보내면 소현세자가 청나라 진영으로 가야 했다. 더 이상 인조가 자신들의 의견을 듣지 않자 척화파 대신들은 일단 돌아갔다.

집으로 돌아간 김상헌은 그 후로 음식을 입에 대지 않았다. 6일간 금식하면서 임금에게 항복하지 말고 맞서 싸우자고 상소를 올렸다.

일단 조선이 항복하기로 하자 청나라는 항복 문서를 보낼 때 세자와 함께 척화를 주장한 대신들을 포박하여 함께 보내라고 했다.

이 소식을 들은 김상헌은 "내가 만일 먹지 않고 먼저 죽으면 사람들이 반드시 내가 청나라 군영에 가는 것을 회피하려 했다고 할 것이다."라고 말하며 음식을 다시 먹기 시작했다.

청나라의 요구에 괴로워하고 있던 인조는 "차라리 경들과 같이 죽을지언정 어찌 묶어 보내겠느냐. 나에게 그럴 뜻이 없으니 두려워하지 마라."며 척화 대신들을 위로했다.

그날 밤 청나라 군사가 서쪽 산성을 습격했으나 수어사 이시백이 죽기로 싸워 물리쳤다. 적군들은 세 번 습격했다가 세 번 다 물러갔다. 이때 조선 병사들은 갑옷도 입지 않아 모두 피투성이가 되었다.

조선이 시간을 끌자 청나라는 임금이 직접 나와야만 항복 문서를

받겠다고 했다. 최명길은 임금이 나오는 것만은 피하기 위해서 청나라 진영으로 가서 사정을 했다. 이런 상태에서도 척화파 대신들은 최명길을 죽이고 끝까지 맞서자고 소리쳤다.

한편 청나라 태종은 조선 정벌에 너무 오랜 시간이 걸리자 자존심이 몹시 상해 있었다.

결국 화가 난 청나라 태종은 장수들을 불러 모아 명령했다.

"이런 산성 하나 함락하는 데 이렇게 많은 시간을 허비하다니, 그

죄를 용서할 수 없다. 내일은 꼭 함락시켜야 한다. 하지만 임금은 반드시 사로잡아 오도록 하라."

하지만 조선 군사들의 완강한 저항과 남한산성이 공략하기 어렵다는 것을 안 장수들이 말했다.

"이 산성을 함락할 수는 있겠지만 지형적으로 험악하여 많은 군사들이 다치게 됩니다. 가만히 있으면 머지않아 그들 스스로 지쳐서 두 손 들고 나올 것입니다. 그때까지 기다리시는 게 좋을 듯 합니다."

하지만 자존심이 상할 대로 상한 청나라 태종은 뜻을 굽히지 않았다.

"그럴 것 없다. 그냥 내 명령대로 해라."

그러자 청나라 군사는 무려 다섯 번에 걸쳐 산성을 습격했고 네덜란드의 대포를 모방하여 만든 홍이포를 선 안으로 쏘아댔다. 인조를 성에서 나오도록 하는 무력 시위였다. 성 위에서 몸을 숨겨 적을 감시하도록 만든 성가퀴가 날아가고 행궁으로 거위알 만한 포탄이 날아들었다. 처음으로 포탄에 맞아 사람이 죽자 성 안은 공포에 휩싸였다.

사태가 이렇게 되자 남한산성을 지키는 병사들도 불만을 드러냈다.

마구 몰려와서 칼을 뽑아들고 척화 대신을 내놓으라고 소리질렀다. 성 안의 분위기는 험악해졌고 민심도 불안에 떨며 술렁거렸다.

이쯤 되자 청나라 태종은 인조에게 성에서 나와 항복하되, 먼저 척화의 주모자를 잡아 보내라는 국서를 보냈다. 그러자 척화파 중에서 몇몇이 자신들을 보내 달라고 간청했다. 하지만 여전히 인조는 주저했다.

이 일이 있은 이틀 뒤 강화도가 함락되었다. 세자와 대군 등 200여 명이 포로로 잡혀 남한산성으로 끌려오고 있었다. 하지만 산성 안에 있는 조정은 강화도가 함락된 사실도 모르고 있었다. 완전히 바깥 세상과 연락이 끊긴 채 서로 대립만 하고 있었다.

인조는 결단을 내려야 했다.

"시간을 끌수록 피해만 커집니다. 어서 만백성을 위한 현명한 결단을 내려주소서."

최명길은 눈물로 호소했다.

"무릎을 꿇고 항복하느니 차라리 정도를 지키며 사직을 위하여 죽는 것이 낫습니다."

이조참판 정온이 반대했다. 예조판서 김상헌은 드러누워 자신을 적진으로 보내어 죽게 해 달라고 간청했다.

이날 저녁 최명길과 홍서봉 등이 청나라 진영으로 갔다. 그리고 세자와 함께 척화 대신들을 데리고 나오겠다고 하자 청나라 태종이 입장을 바꾸었다. 무조건 인조가 나와야 한다고 억지를 부렸다.

조선 측은 그것만은 안 되겠다고 하자 청나라 진영에서는 강화도가 함락된 사실을 이야기했다. 사신들이 믿지 않자 청나라는 강화에서 끌고 온 신하들과 대군의 편지를 보여주었다.

최명길이 청나라 진영에서 돌아와 이 일을 전하자 조정에서는 이를 믿으려 하지 않았다. 거짓 편지로 위협하는 줄로만 여겼다. 하지만 인조는 편지에 쓰여진 봉림대군의 글씨체를 알아보았다. 순간 가족들을 강화도로 피신시킨 대신들 모두가 깜짝 놀라며 비통하게 울부짖었다.

"내가 나가도록 하겠소. 더는 어찌할 수가 없소."

인조의 결정에 대신들은 모두 비통한 표정을 지었다.

인조가 항복하기로 결정했다는 소식을 들은 이조참판 정온은 칼로 배를 찔러 자결하려 했으나 죽지 못했다. 김상헌은 목을 매어 죽으려고 두 번이나 시도했으나 주위에서 구해 주었다.

상황이 이렇게 되자 최명길은 윤집과 오달제를 이끌고 청나라 진영으로 가서 인조의 뜻을 전했다.

인조는 결국 1월 30일에 성을 나와 항복을 했다. 첫 공식 싸움이 있은 지 한 달 보름만의 일이었다.

최명길은 나라와 백성을 위해 청나라와의 화친을 주장했다. 김상헌은 성리학적 명분과 명나라에 대한 의리를 지키기 위해 목숨 걸고 항복을 반대했다.

이렇게 둘은 격렬하게 대립하며 서로가 옳다고 생각하는 바를 위해 목숨을 걸었다. 두 사람은 어떻게 해서 서로 다른 생각과 입장을 취하게 된 것일까?

김상헌과 최명길의 대립

같은 사상 다른 행동

꺾이지 않는 대쪽같은 의리로 유명한 김상헌은 안동 김씨의 후예로, 1570년 경북 안동에서 김극효의 아들로 태어났다. 자는 숙도, 호는 청음이며 어려서 윤근수에게 학문을 배웠고 뒤에 백사 이항복에게도 학문을 배웠다. 1590년 진사가 되고 27살 되던 1596년 선조 때 문과에 급제했다.

나라를 위해 개인적인 비난을 참아낸 최명길은 전주 최씨의 후예로, 1586년 금천에서 최기남의 아들로 태어났다. 자는 자겸, 호는 지천이며 17살에 성균관에 입학했다. 문장이 뛰어나고 글을 잘 썼다. 선조 말쯤 20살의 나이로 생원시에서 장원하고 그해에 문과에 급제했다.

그는 이항복과 신흠에게서 학문을 배웠는데, 특히 신흠이 그를 많이 아꼈다. 신흠은 승정원 사람들에게 이렇게 말했다.

"최명길은 몸은 약하나 정신은 누구보다도 맑고 깨끗합니다. 장래에 틀림없이 나라를 위해 큰 일을 할 것입니다."

이항복도 최명길의 학문을 따르기 어렵다고 칭찬했다. 공부한 시점은 다르지만 같은 스승 아래에서 학문을 배운 최명길과 김상헌은 서로에 대해 잘 알고 있었다.

김상헌은 자신보다 한참 어린 최명길이 학문에 뛰어난 것을 존경하면서 자신의 학문을 닦는 일에도 힘썼다. 최명길과 김상헌은 모두 성혼과 이이의 사상을 중심으로 학문을 배운 서인 계열이었다.

선조 때 '정여립의 옥사' 사건을 계기로 서인이 동인을 몰아내고 정권을 잡게 되었다. 그러나 선조의 후계자 문제로 서인이 쫓겨나고

> **정여립 옥사 사건**
> 선조 22년인 1589년에 일어난 사건이다. 이이의 제자인 정여립이 전주에서 대동계를 조직하면서 세력이 점차 커지자 역모를 꾀했다는 모함을 받게 되었는데, 이로 인해 정여립은 스스로 목숨을 끊었다. 하지만 역모를 꾀한 중죄인이라는 이유로 이미 죽은 몸을 능지처참했다. 부모와 자식들도 모두 죽임을 당했고, 살던 집은 역적의 기운을 묻어 버려야 한다며 연못으로 만들어 버렸다. 또한 재산 몰수는 물론 일가친지 모두를 노비로 만들거나 귀양보냈다. 이를 '기축옥사'라고도 하며, 이 사건에 적극적으로 나섰던 정철은 관련자를 모두 찾아낸다며 3년 동안 수많은 사람들을 희생시켰다.

동인이 정권을 다시 잡았다. 이렇듯 조정은 계속 붕당 간 세력 다툼이 있었는데, 어느 파가 정권을 잡느냐에 따라 정책이 바뀌기도 했다.

그즈음 최명길과 김상헌은 과거에 합격하여 관직에 오르게 되었다. 그때 동인에서 갈려 나온 북인이 정권을 잡게 되자 서인이었던 두 사람은 높은 관직에 오르지 못하는 처지가 되었다.

하지만 선조가 서인인 김제남의 둘째 딸을 둘째 왕비로 맞고 영창대군을 낳자 잠시 서인이 힘을 얻게 되었고, 최명길과 김상헌은 다시 벼슬길에 오르게 되었다.

하지만 그것도 잠시였다. 1613년 광해군 때 일어난 '칠서의 옥' 사건 이후 서인과 남인은 정치적 견제도 못할 정도로 그 세력이 약화되었다.

'칠서의 옥' 사건은 서얼 출신 7인이 벌인 강도 사건으로 시작되었다. 이들 중 하나가 인목대비의 아버지 김제남과 영창대군을 내세워 역모를 꾸몄다고 자백하는 바람에 김제남과 그의 아들들이 처형당하고 영창대군이 귀양갔다가 죽임을 당했다. 그로 인해 서인과 남인 모

두 권력을 잃고 지방으로 쫓겨났다.

그 후로 북인은 대북파와 소북파로 나뉘게 되었고, 권력을 잡은 대북파는 인목대비를 제거하려고 광해군에게 계속 상소를 올렸다. 인목대비로 인해 다시 서인이 정권을 잡을까 두려워한 것이었다. 결국 1618년 인목대비의 대비라는 칭호를 없애고 대비를 서궁에 가두는 '인목대비 폐모' 사건이 벌어졌다.

"어찌 자식이 부모를 버릴 수 있단 말입니까?"

김상헌은 끝까지 반대했고 결국 벼슬을 내놓고 고향으로 돌아갔다. 최명길의 아버지 최기남도 반대하다가 경기도 가평으로 낙향하였고, 최명길은 폐모 계획의 기밀을 누설했다는 억울한 누명을 쓰고 아버지가 계신 가평으로 내려갔다.

인목대비 폐모 사건 때까지 김상헌과 최명길은 같은 서인으로서 유

> **'칠서의 옥'과 '인목대비 폐모' 사건**
> 이 두 사건은 연관성을 갖는다. 양반 첩의 자손으로 태어난 서얼 출신 7명이 벌인 사건으로 인목대비가 폐모가 되는 사건과 연루되었기 때문이다. 서얼 출신인 박응서, 심우영, 서양갑 등 7명이 서얼 출신 차별을 없애 달라는 상소를 올렸으나 이를 거부당하자 불만을 품고 당을 조직하여 강변칠우라 부르며 전국에서 도적질을 일삼았다. 그중 1613년 문경새재에서 상인들을 죽이고 수백 냥을 약탈했는데, 이때 피살된 상인의 노비가 이들의 근거지를 포도청에 고발하여 일망타진됐다.
> 하지만 이 사건은 단순한 강도 사건으로 끝나지 않았다. 모진 고문을 이기지 못한 서양갑이 자금을 모아 인목대비의 소생인 영창대군을 왕으로 추대하고 인목대비가 수렴청정하려 했다는 것과 이 조직의 우두머리가 인목대비의 아버지인 김제남이라는 것을 자백하면서 김제남은 사약을 받았고, 어린 영창대군은 강화도로 쫓겨났다가 이듬해에 죽임을 당했다. 인목대비는 1618년에 대비의 칭호를 박탈당하고 서궁에 갇히게 되었는데, 이를 '인목대비 폐모 사건'이라 한다. 인목대비 폐모 사건은 인조반정을 일으키는 계기가 됐다.

교의 예법에 따라 같은 의견을 내세웠다.

  고향으로 돌아간 김상헌은 명분과 의리를 숭상하는 성리학(주자학)을 공부했고, 가평으로 들어간 최명길은 이시백, 장유 등과 함께 현실 문제에 적극적인 양명학을 공부했다.

  그 당시 조선 학문의 주류는 성리학이었다. 선비들은 책을 열심히 읽고 그 뜻을 이해하는 데 열중했다. 성리학 이외의 다른 학문은 쳐다

성리학과 양명학

성리학은 송나라의 주자가 공자의 유교를 정리한 학문으로 주자학이라고도 한다. 조선에 들어와서는 성리학이라고 했다. 이황, 이이 등이 대표적인 학자이며, '인간의 본성은 하늘의 이치'라는 사상을 바탕으로 발전시켰다. 인간은 다 같은 인간이 아니기 때문에 신분에 따라 본성이 다르다 하여 신분질서를 정당화했으며, 군자가 되기 위해서는 인간의 본성과 만물의 이치를 깨달아야 한다는 것을 중시했다. 또한 사물에 대해 자세히 알고 난 후 행동하라는 선지식 후행동 사상을 가지고 있다.

양명학은 명나라의 왕수인이 정리한 학문이다. '인간의 마음이 하늘의 이치'라는 사상을 바탕으로 하고 있다. 마음은 본성과 달리 모든 인간에게 동등하므로 신분질서를 반박했고, 군자가 되기 위해서는 이론적 탐구보다 타고난 양심을 실천하는 것이 더 중요했다. 또한 지식과 실천은 본래부터 하나라는 지행합일 사상을 가지고 있다.

성리학은 사물의 이치를 끝까지 연구하여 천리에 이르는 것을 중시하다 보니 현실적인 문제와 거리가 있었다. 하지만 양명학은 개인적 수양을 통한 깨달음을 중시하여 현실적이고 실천적인 학문으로 여겼다.

보지도 않았다.

하지만 최명길은 일찍이 양명학에 대해서도 알게 되었다. 명나라에서 온 학자들과 교류하던 학사들이 아버지의 친구였고, 우리나라 최초의 양명학자로 알려진 남언경이 아버지의 외가였기 때문이었다. 그래서 그의 학문은 성리학뿐만 아니라 양명학까지 넓힐 수 있었다.

부친상과 모친상을 잇따라 당하면서 최명길의 생애에 큰 의미가 있는 두 가지 일이 벌어졌다. 성리학의 명분보다 실천을 중시하는 양명학에 심취하게 된 일과 인조반정에 가담하게 된 일이었다.

왕도의 실현을 위해 벼슬길에 올랐던 두 사람은 광해군이 영창대군을 죽이고 인목대비를 폐한 것을 비판하며 자연과 학문을 벗 삼아 살아갔다. 이때까지 비슷한 길을 걸었던 두 사람은 인조반정을 계기로 사이가 벌어지기 시작했다.

반정의 주도자였던 이귀는 최명길의 절친한 친구인 이시백의 아버지였다. 게다가 반정 모의는 최명길의 장인인 장만의 집에서 이루어졌다. 최명길은 거기서 장유와 더불어 주요 책략을 이야기했다. 최명길은 김상헌에게도 반정에 가담하기를 권유했으나 의리와 명분을 내세운 김상헌은 이를 거절했다.

반정이 성공한 후 새 정치에 대한 포부가 컸던 최명길은 바빠졌다. 대동법의 시행이 논의되자 먼저 호패법을 실시해야 한다고 주장하고 이를 관장했다.

반정에 가담하지는 않았지만 김상헌도 재주를 인정받아 대사간, 이조참의 등의 벼슬에 오르게 되었다.

인조반정

칠서의 옥과 인목대비 폐모 사건의 피해자가 된 서인들이 광해군을 몰아내고 능양군을 왕으로 모신 사건이다. 이귀, 김류, 김자점 등 서인 일파는 동생인 영창대군과 새어머니인 인목대비까지 폐하게 한 광해군을 몰아내고 능양군을 왕으로 세우려는 반정을 계획했다.
반정의 이유로는 첫째, 형제를 죽이고 어머니를 폐했다. 둘째는 명나라와의 의리를 버리고 후금과 교류를 한다. 셋째, 궁궐 공사로 나라 재정을 어렵게 했다는 것이었다.
1623년 3월 21일을 거사일로 잡았으나 이이반의 누설로 위기에 처하자 12일 밤에 창의문으로 진격하여 궁궐을 점령한 후 능양군을 인조로 등극시켰다.
광해군은 강화도로 귀양을 갔으며, 인조반정에 일등공신으로 인정받은 이귀, 김류, 김자점 등이 집과 토지를 하사받고 정권을 장악했다. 하지만 공로에 따라 상을 내린 논공행상이 공평하지 못하다 하여 '이괄의 난'이 일어나는 계기가 되었다.

1624년 이괄의 난이 일어난 직후 김상헌은 인조에게 상소를 올렸다.
"파를 나눠서 붕당정치하는 것을 없애고 신하들의 다양한 의견을 골고루 받아들여야 합니다."

김상헌은 특별히 어느 파에 속하는 것을 좋아하지 않았다. 서인 중 반정에 가담한 세력은 공서파라 하고, 반정에 가담하지 않은 세력은 청서파라 하였다. 청서파가 공서파의 정치를 견제하자 김상헌은 의도하지 않게 청서파의 우두머리격이 되었다. 하지만 강직한 성격으로 계속 공서파의 정치를 비판하다가 귀향을 갔다.

이괄의 난
1624년 이괄이 역모 누명으로 난을 일으킨 사건이다. 이괄은 인조반정 당시 김류의 군사를 이끌고 궁으로 쳐들어갔지만 오히려 늦게 온 김류가 일등공신이 되었다. 이런 와중에 여진족의 침략으로 평안 병사 겸 부원수로 좌천까지 하게 되자 이괄은 불만을 품었다. 이때 정권을 잡은 서인들이 이괄을 견제하기 위해 역모의 누명을 씌웠는데, 의금부도사가 자신과 아들을 잡으러 온다는 소식에 진짜로 반란을 일으켰다. 반란군은 승승장구하여 한양까지 쳐들어가 선조의 열 번째 아들 흥안군을 왕으로 추대했지만 그날 밤 장만의 기습에 패하여 경기도 이천으로 달아났다. 하지만 부하 장수들에 의해 죽임을 당했다.
이 사건으로 평안도와 황해도 쪽 병사들이 많이 죽어 군사력이 약해졌는데, 그로 인해 2년 뒤 후금이 쳐들어왔을 때 조선은 속수무책으로 당할 수 밖에 없었다.

어느 정도 반정의 여파가 정리되자 공서파 사이에도 대립이 일어났다. 이런 대립을 좋아하지 않은 최명길은 벼슬을 내놓고 시골로 내려가 상소를 올렸다.

여기서 그는 광해군의 정책 중 좋은 정책은 이어서 하고 벼슬제도, 토지제도, 군사제도에 걸친 잘못된 점은 바로잡아야 한다는 변통을 이야기했다. 굳이 쫓아낸 임금의 정책이라고 해서 모두 없애면 안 된다는 것이었다.

최명길은 "만약 변통이 없다면 정치의 희망은 없다"라고 단언했다. 둘은 서로 다른 행동을 통해 자신의 뜻을 펼치려 했다.

예외 없는 예법과 시대에 따른 예법

김상헌과 최명길의 다른 행동은 예법에서도 여실히 드러났다. 이괄의 난이 진압되고 지방 여기저기에서 작은 반란이 일어나자 인조는 반정을 통해 왕이 되었기 때문에 이런 문제들이 일어난다고 생각했다. 그래서 왕으로서 자신의 정통성을 증명하고 싶었다.

그즈음 인조의 친어머니가 돌아가셨을 때 인조는 3년상을 원했다. 하지만 조정에서 이를 반대했다. 왜냐하면 인조는 원래 부모에게서 빠져나와 왕통을 이었기 때문에 친어머니이지만 친척처럼 대해야 했다. 인조는 장자이면서도 상주 역할을 할 수 없게 되어 모자 관계를 거스른 셈이 되었다.

이때 홍문관 부제학이었던 최명길은 이런 의견에 반대했다. 왕통의 존엄도 유지하되 부모를 섬기는 자식의 도리도 존중해야 한다고 주장했다.

그는 자신의 생각을 이렇게 나타냈다.

'세상이 숭상하는 바는 이름이지만 내가 힘쓰는 바는 현실이다. 세상이 논하는 바는 자취지만 내가 믿는 바는 마음이다. 요즘엔 참다운 유학자가 없어서 시비가 엇갈리고 풍속이 어지럽지만 나는 묵묵히 고인의 도를 행하리라.'

하지만 대신들의 반대에 부딪쳐 최명길의 의견은 무시되었다. 인조는 상주 역할을 할 수 없었지만 끝까지 우겨서 3년 동안 상복을 입었다. 인조의 아버지 묘를 이장할 때도 또다시 예법 논쟁이 일어났다. 이장하기 위해 관이 도성을 통과해야 하는데 대신들이 왕통이 아닌 관은 도성을 통과할 수 없다 하여 새로 길을 만들어 돌아가야 한다고 주장했다. 이때 최명길은 조목조목 따져서 대신들의 뜻을 꺾었다.

"대원군이 임금은 아니지만 임금의 아버지인데 성을 피해 간다는 것은 사리에 맞지도 않을 뿐더러 길을 새로 만드는 일은 피해도 큽니다."

상황이 이렇게 흐르자 인조는 자기 아버지를 임금으로 만들려고 했다. 인조가 자신의 아버지인 정원군을 임금으로 만들려는 이 일을 '추숭논의'라고 하는데, 이는 정묘호란이 일어나기 전부터 시작되어 병자호란이 터지기 전에 매듭지어질 정도로 오랜 시간이 걸렸다.

김상헌은 "예법은 철저히 따라야 합니다. 절대로 예외는 인정할 수 없습니다."라고 말하며 강력히 반대했다. 이때 많은 성균관의 유생들도 반대 상소를 올렸다. 하지만 최명길은 인조의 뜻이 강하다는 것을 알고 있었다.

"임금의 뜻이 확고하니 시대에 따라 예법을 새로 만들면 되잖소."

그리하여 최명길은 인조의 아버지에게 아뢰는 글을 지어 올렸다. 임금의 생부인 정원군 이부에게 원종이라는 임금의 이름을 지어 준다는 내용이었다.

그는 형식적 명분에만 집착하는 의리를 비판했다. 광해군 전 시대

추숭논의

임금에 오르지 못하고 죽은 사람에게 임금의 칭호를 주는 일을 '추숭' 혹은 '추존'이라고 한다. 반정을 통해 임금이 된 인조는 이괄의 난과 여러 반란을 겪으면서 자신의 정통성에 대해 내세우고 싶었다. 그래서 아버지인 정원군을 임금으로, 어머니인 계운궁을 왕후로 만들려고 노력했다. 하지만 대신들은 예법에 따라 선조를 계승하여 임금이 된 인조에게 생부와 생모는 친척관계일 뿐이라며 반대를 했다.
인조 4년(1626년) 때 인조의 어머니 계운궁이 세상을 떠나자 이때부터 인조는 행동을 시작했다. 당시 조선의 예법으로는 있을 수 없는 일이어서 대신들과 유생들이 들고 일어났다. 정원군을 추존하려는 논의는 정묘호란을 거치면서 잠시 중단되었지만 인조는 끝내 추숭도감까지 만들었다. 10년간의 긴 논쟁 끝에 정원군이 원종대왕으로 추존되고, 계운궁도 인헌왕후로 추존되었다.

의 정치로 돌아가지 말고 시대에 맞는 변통으로 새로운 정치를 하기를 원했다. 정치만이 아니라 예법에서도 마찬가지였던 것이었다.

아버지를 임금으로 만들고 나자 인조는 아버지의 위패를 종묘에 모시고 싶어 했다. 종묘는 앞선 임금들의 위패가 모셔진 곳으로, 이곳에 인조 아버지의 위패를 모시려 하자 모든 대신들과 선비들이 반대를 하고 나섰다. 성리학적 예법에서는 있을 수 없는 일이었기 때문이었다.

최명길도 이 부분에 대해서는 반대를 했다. 차라리 모신다면 별묘를 따로 지어 모시면 어떨까 하고 생각했다. 하지만 인조는 뜻을 굽히지 않았다. 결국 최명길이 인조의 뜻을 따라 찬성하는 상소를 올리자 1635년에 비로소 원종의 위패를 종묘에 봉안하게 되었다.

대신들은 예법에 따라 반대만 했지만 최명길은 군신의 의리와 부자간의 의리를 다 같이 살릴 수 있는 방법을 찾아서 의견을 냈다. 이렇듯 최명길은 자신이 알고 있는 성리학의 틀 안에서 상황에 맞게 현실적인 방법을 찾았다.

김상헌은 이때도 최명길과 격렬하게 의견 충돌을 벌여 다시 벼슬을 내놓고 고향으로 내려갔다. 하지만 그의 실력을 인정하고 있는 인조가 다시 불러 대사헌으로 임명했다. 김상헌은 대사헌이 된 후에도 자신의 의견을 굽히지 않고 상소를 올리는 바람에 2년 동안 다섯 번이나 대사헌에 임명되었다가 사직하기를 반복했다.

  이렇듯 김상헌은 자신의 뜻을 절대로 꺾지 않고 끝까지 주장했고, 최명길은 유학의 이념을 벗어나지 않는 범위에서 어느 정도의 변화를 허용했던 것이었다.

청렴 강직한 김상헌과 실리 변통의 최명길

이뿐만이 아니었다. 김상헌과 최명길의 성격 차이는 다른 일에서도 여실히 드러났다. 먼저 김상헌이 대사헌으로 있을 때의 일을 살펴보면 그의 성격을 알 수 있었다.

어느 날 조회 때 장악관인 박시량이 흙이 묻는다고 신 위에 덧신을 신은 일과 부자 역관이었던 장현이 자신의 집을 화려하게 지은 일이 있었다.

이 두 가지 행위는 모두 나라의 법으로 금한 것이었다. 대사헌이던 김상헌은 이 두 사람을 즉시 체포했는데, 이때 박시량의 처가 예조판서 오윤겸을 찾아가 남편을 구해 달라고 부탁을 했다. 김상헌의 공사를 분별하는 성격에 대해 잘 알고 있는 오윤겸은 이렇게 말하며 박시량의 처를 돌려보냈다.

"내 친아들이 법을 어겼다 하더라도 김공은 용서하지 않고 법대로

할 사람인데 어찌 그런 일을 부탁할 수 있겠소. 그냥 돌아가시오."

결국 박시량과 장현은 엄한 벌을 받았다.

또 다른 일화도 있었다. 어떤 사람이 산에 정자를 짓는 데 멋을 내기 위해 둥근 기둥을 사용했다. 둥근 기둥은 전각 같은 공공건물에만 사용할 수 있는 구조였다. 하지만 김상헌이 대사헌이 되었다는 말을 듣자 그 사람은 곧바로 기둥을 깎아서 모나게 만들었다.

이렇듯 김상헌은 공사 구분이 확실하고 명분에 따라 행동을 했다. 그의 이종형제인 유희분이 역적으로 몰려 사형당했을 때도 마찬가지였다.

김상헌이 상복을 입고 나가 곡을 하려고 하자 '역적으로 몰려서 죽었는데 곡을 하러 갔다가 의심을 받게 되면 어떡할 것이냐'고 말리자 김상헌은 이렇게 말했다.

"유희분이 죽임을 당한 것은 역적이라서가 아니고 권력을 탐하여 깨닫지 못했기 때문이오. 살아있을 때야 그 집에 드나들지 않았지만 죽은 뒤에는 친척간에 끊어야 될 의는 없는 것이오. 인간적인 면에서는 가서 곡을 하고 상복을 입는 게 마땅하오."

김상헌으로서는 성리학적 명분과 의리에 맞는 행동을 한 거였다. 인조가 경연을 하는 도중 김상헌의 인감됨에 대해 최명길에게 묻자 최명길은 김상헌의 성품에 대해 이렇게 말했다.

"김상헌은 도량이 편협하고 기개가 강직하므로 좋은 곳에 들어가면 천 길 낭떠러지에 서 있는 기상이 있고 잘못 들어간 곳에서도 뜻을 굽혀 고칠 생각을 하지 않습니다. 그는 종묘의 제관으로 있을 때 6월 무더위에도 법도대로 두꺼운 흑단령을 착용하고 종일 업무를 수행할 정도로 뜻이 곧은 사람입니다."

임진왜란이나 병자호란으로 조선이 흔들리고 있는 상태에서 지배층으로서는 어떻게든 빨리 사회질서를 바로잡아야 했다. 김상헌은 그 방법이 예와 명분을 바로잡는 것이라고 생각했다. 조선 왕조와 지배층에게는 무너진 자존심을 일으켜 세우면서 나라를 통제하는 힘과 논리가 될 수 있었기 때문이었다. 그래서 김상헌은 자신의 뜻을 절대로 굽히지 않았다.

하지만 최명길은 실리를 얻기 위해 방법은 얼마든지 바꿀 수 있다고 생각했다. 인조반정이 성공한 후 공신들은 광해군이 해 오던 모든 정책을 다 없애려고만 했는데, 최명길만은 선왕 때 잘된 것은 이어받고 잘못된 것은 없애면 된다고 주장했다.

그래서 최명길은 벼슬 제도, 토지 제도 그리고 군사 제도에 걸친 잘못된 점을 이야기하며 이를 바로잡아야 한다고 주장했다. 그리고 왕권을 강화하고 관직의 분산과 독립을 통해 실무를 제대로 볼 수 있도록 하고 토지 제도와 세금을 정비해야 한다고 강조했다.

또한 군사 제도를 정비하여 왜란과 호란 같은 일이 일어나지 않도록 힘을 길러야 하고 서얼도 관직에 나올 수 있도록 하여 인재를 키우는 것이 중요하다고 했다.

"시행해 오던 일은 무조건 전통이라 하고 명분과 의리만이 지켜야 할 것으로 생각하는 풍속을 고치지 않으면 좋은 법이나 훌륭한 정치를 기대할 수 없습니다."

최명길은 광해군 전의 정치로 돌아가기보다 시대에 맞는 새로운 정치를 희망했다. 그는 관직에 처음 오를 때부터 물러나 죽을 때까지 일관된 자세를 보였다.

호화로운 주택과 토지를 공신들이 나누어 가질 때도 최명길은 주택을 거절하고 토지는 방을 붙여 옛 주인들에게 모두 돌려주었다. 또한 공신들끼리 벼슬을 나누어 가지려고 할 때에도 최명길은 능력 있는 인재를 찾아서 등용해야 한다고 주장했다.

정묘호란 때에도 그가 화친을 주장한 것은 일단 난리를 면한 다음에 나라의 힘을 길러서 맞서자는 것이었다. 병자호란 전에 대신들이 명분만을 내세우며 척화를 주장할 때 최명길은 침략에 대비한 구체적인 방비책을 내놓기도 했다.

 남한산성에 갇혀 있을 때 최명길은 척화론을 두려워하는 대신들 앞에서 "비록 만고의 죄인이 될지라도 임금이 망할 것을 알면서 신하로서 가만히 있을 수는 없다"라고 하면서 항복 문서를 작성하기도 했다.

 이렇듯 김상헌은 청렴하고 강직한 성품에 자신이 공부한 성리학의 명분과 의리를 지키기 위해 최선을 다했고, 최명길은 청렴하면서도 실리를 위해 방법은 얼마든지 시대와 상황에 따라 다르게 하는 합리적인 자세를 보였다.

 같은 스승 아래에서 비슷한 사상을 가지고 있던 두 사람은 정치를 하면서 서로 다른 길을 가게 된 것이었다. 그렇다면 병자호란 때 인조는 팽팽하게 맞서던 두 사람 중 어느 쪽 손을 들어 주었을까?

병자호란의 결과

삼배구고두례

 한 달 보름 동안 남한산성에 꼼짝없이 갇혀 있던 인조는 마침내 결단을 내려야만 했다. 김상헌과 최명길의 격렬한 대립 속에서 그 어떤 결정도 내리지 못하고 있던 인조는 자신의 무능함을 탓하며 결단을 내리기에 이르렀다. 그때까지도 김상헌과 최명길은 항복하느냐 하지 말아야 하느냐를 놓고 대립하고 있었다.

"전하, 절대로 나가시면 안 되옵니다."

김상헌이 간곡하게 인조에게 말했다.

"정녕 방법이 없단 말인가."

인조는 이조판서인 최명길에게 눈길을 보냈다. 나라를 위해 목숨을 걸고 적진을 수차례 다녀온 신하였다. 최명길은 괴로운 표정으로 임금을 바라보았다. 인조의 모습이 무력하게 느껴졌다.

"전하, 수치스럽고 괴로운 일이지만 결단을 내리셔야 합니다. 지금

죽는 것보다 후일을 도모함이 낫지 않겠습니까? 신이 부족하여 일을 이렇게밖에 못함을 용서하소서."

"그게 어찌 경의 부족함 때문이겠소? 내가 부족한 탓이지. 나라를 바로 세우고자 반정을 했건만 내 대에서 이런 치욕스런 일을 겪게 되다니. 내 생각이 짧았던 탓이오."

인조는 스스로를 책망했다. 의욕만 앞세우고 제대로 방비하지 못했던 자신을 탓했다.

"내가 나가도록 하겠소. 준비하라 이르시오."

인조는 마음의 결정을 내렸다.

1637년 1월 30일, 인조는 신하를 의미하는 남색 옷을 입고 백마를 탔다. 고작 시종 50여 명을 거느리고 서문을 통해 성을 빠져나갔다. 성 안에서는 백성들의 곡소리가 울려퍼졌다.

인조는 산성을 내려가 삼전도에 설치

된 수항단으로 무거운 발걸음을 옮겼다. 청나라의 장수이자 화친을 주도했던 용골대가 인조를 인도했다. 청나라 태종이 있는 막사 앞에 다다른 인조는 용골대가 시키는 대로 태종을 향해 세 번 절하고 머리를 아홉 번 땅바닥에 부딪쳤다. 이때 바닥에 부딪히는 소리가 청나라 태종의 귀에 들려야 했다. '삼배구고두례'라는 항복 의식이었다.

한겨울 꽁꽁 얼어붙은 바닥에 머리를 세차게 부딪치자 이마에서 피가 흘러내렸다. 이내 바닥은 피로 물들었다.

'이 치욕을 잊지 않으리라. 힘을 길러서 꼭 되갚아 주고 말 것이다.'

이를 지켜보고 있던 최명길의 눈에 눈물이 고였다.

청나라식 항복 의식은 여러 가지가 있었다. 삼배구고두례는 2순위 항복 의식이었다. 1순위 항복 의식은 항복하는 임금의 손을 뒤로 묶어 결박한 채 구슬을 입에 물고 황제에게 드리는 의식이다. 지금 죽여도 좋다는 뜻으로 임금은 관을 짊어져야 했다. 그나마 최명길이 열심히 노력한 덕에 용골대가 관용을 베풀어 2순위 항복 의식을 하도록 봐 준 것이었다.

항복 의식이 끝나자 청나라 태종은 말과 가죽으로 만든 갓옷을 인조에게 선물로 주었다. 그러자 도승지 이경직이 국보를 용골대에게 바쳤다.

"고명과 옥책은 어째서 바치지 않는가?"

고명은 왕위를 승인하는 문서로 명나라와 사대관계를 맺은 주변 나라에 보내는 외교 문서였으며, 옥책은 제왕이나 후비의 존호를 올릴 때 그 덕을 기리는 글을 옥 조각으로 새겨 만든 책이었다.

"옥책은 일찍이 갑자년 때 잃어버렸고 고명은 강화도에 보냈는데 전쟁으로 어수선한지라 무사할지 모르겠소. 혹시 그대로 있으면 나중에 바치겠소."

인조는 밭 한가운데에 가만히 앉아 있었다. 해질 무렵이 되어서야 청나라 태종이 도성으로 돌아가라고 했다. 하지만 왕세자와 빈궁 그리고 두 대군과 부인은 청나라에 포로로 데려가려고 보내지 않았다. 그러자 인조는 최명길에게 그들을 보살펴 줄 것을 당부했다.

인조가 돌아갈 때 한강을 건널 수 있는 배는 두 척뿐이었다. 겨우 배에 오르는 데 신하들이 먼저 오르려고 다투었다. 심지어 인조의 옷자락을 잡아당기기까지 했다.

도성까지 가는 길에는 시체가 여기저기 널려 있었다. 시체를 길가로 치워야만 지나갈 수 있을 정도였다.

"임금이시여, 우리 임금이시여. 우리를 버리고 가십니까."

포로로 잡힌 백성들은 인조를 향해 울부짖었다. 인조는 마음이 아팠지만 어쩔 수가 없었다.

청나라 태종은 항복 조건을 열두 가지 제시했다. 명나라와 사대관계를 끊고 청나라와 새로운 사대관계를 맺을 것, 이후 명나라를 공격할 때 군대를 보낼 것, 청나라에서 도망 온 조선인 포로들과 조선에 있는 여진족들을 청나라로 돌려보낼 것, 어떤 형태의 재무장도 하지 말 것, 일본과 교역을 계속할 것, 해마다 세폐를 보낼 것 등이었다.

또한 돌아가면서 평안북도 가도를 정벌할 때 원병과 병선을 보내고 청나라의 여러 신하들과 혼인하도록 하여 한 집안처럼 지내는 것도 조건으로 내세웠다.

이 조건들은 정묘호란 때에 비하면 정말 굴욕적이고 가혹한 것이었다. 마지못해 인조가 이에 동의하자 청나라 태종은 군사를 이끌고 돌아갔다. 소현세자 부부와 봉림대군 부부, 척화파인 홍익한, 윤집, 오달제 등 여러 대신들을 인질로 잡아 심양으로 끌고 갔다. 그중 홍익

삼학사

병자호란 때 청과의 화친을 반대하고 끝까지 항전한 홍익한, 윤집, 오달제를 삼학사라고 한다. 인조가 청나라에 항복하자 청나라는 전쟁의 책임을 척화론자에게 돌리며 이들 세 사람을 중국 심양으로 끌고갔다. 세 사람은 청나라의 회유와 협박에 굴하지 않고 버티다가 심양 성 서문 밖에서 참형을 당했다.

조정에서는 이들의 충절을 기리기 위해 홍익한에게 충정(忠正), 윤집에게 충정(忠貞), 오달제에게 충렬(忠烈)이라는 시호를 내리면서 모두를 영의정에 추증했다.

한, 윤집, 오달제는 끝까지 뜻을 굽히지 않아 심양에서 참형을 당했는데, 그후 삼학사로 존경을 받았다.

청나라 태종은 병자호란의 승리를 기념하기 위해 삼전도에 자신의 공덕을 새긴 비석을 세우라고 요구했다. 그리하여 1639년에 '대청황제공덕비'라고 새긴 삼전도비가 세워졌다. 비석 앞면 왼쪽에는 몽골 글자, 오른쪽에는 만주 글자, 뒷면에는 한자로 쓰여졌는데 그 내용이 치욕적이라 하여 나중에 붕당 간 다툼의 원인이 되기도 했다.

명분과 의리 속에 떠난 자와 지킨 자

　인조가 삼전도의 굴욕을 당하고 있던 그 순간, 최명길은 인조 곁에서 끝까지 자리를 지켰다. 하지만 김상헌은 그 자리에 있지 않았다. 이미 고향 안동으로 돌아가 학가산 아래에서 은거했다. 이 행동에 대해 김상헌은 반대파의 비난을 받았다.
　"이름 난 신하로서 인정받은 자가 임금이 큰 위험에 빠졌을 때 멀리 달아났고, 일이 안정된 후에도 끝내 찾아와 뵙지 않으면서 혼자 의리를 지킨다고 한다."
　박계영과 유석은 "혼자만 깨끗한 척 명예를 구하느라 임금을 팔아먹고 붕당을 만들어 국가를 그르쳤으니 그 죄를 물어야 한다."고 비난했다.
　인조조차도 신하들에게 이렇게 말했다.
　"김상헌이 평소에 나라가 어지러우면 같이 죽겠다는 말을 했으므로 나도 그렇게 여겼는데, 오늘날에 이르러서는 먼저 나를 버리고 젊

고 무식한 자의 앞잡이가 된 것이 매우 안타깝구나."

결국 김상헌은 벼슬을 빼앗겼다. 조정에서 쫓겨난 김상헌은 다시 학가산으로 들어가 숨어 지냈다.

"임금을 속인 것이 괘씸하다. 한번 웃음거리도 못 되는 일을 가지고 무식한 무리는 오히려 남들이 할 수 없는 일이라 하니, 세상을 속이고 명예를 훔치기는 쉽구나."

인조는 자신이 겪은 치욕이 척화파 때문이라고 생각하여 김상헌을 미워했다. 김상헌을 두둔하는 무리들도 있었지만 그들조차 '임금을 버린 행동은 용서할 수 없는 죄이지만 그 심정을 헤아려 보면 실로 이해할 만하다'라고 말할 정도였다. 그나마 김상헌이 항복 직전에 자결을 시도했다는 것으로 임금을 버리고 간 행위에 대해 변명했다.

이 행동에 대해 김상헌의 묘지명에는 이렇게 쓰여 있다.

"임금이 사직을 위해 죽으면 신하도 따라 죽어야 하며, 그렇지 않다면 간언을 해야 하는데, 이를 받아들이지 않으면 물러나 스스로를 바르게 하는 것이 신하의 의리이다."

김상헌은 자신의 의견이 받아들여지지 않자 물러나 자신을 바르게 하는 것이 신하의 도리라고 생각했다.

최명길은 병자호란이 끝난 후 우의정을 거쳐 영의정까지 올랐다. 화친을 맺은 벌을 받기 위해 몇 년간 조정을 떠나 있으려고 했지만 인조는 그를 가만두지 않았다. 최명길은 난리 후 엉망이 된 나라를 위해 열심히 뛰어다녔다. 물론 오랑캐에게 나라를 팔아먹었다는 비난을 듣기는 했지만 최명길은 아랑곳하지 않았다. 나라의 힘을 기르고 빨리 전쟁의 상처를 치료하기 위해 여러 가지 정책을 시행했다.

그 무렵 청나라는 명나라를 치기 위해 조선에 군사를 보내라고 요구했다. 최명길은 정승의 신분으로 직접 청나라로 갔다.

"우리 조선은 지금 군대를 동원할 힘이 없소. 게다가 조선은 명나라와 군신관계에 있었기 때문에 그들을 공격할 군대를 보내줄 수 없는 처지요. 더군다나 군사를 보내는 문제는 항복과 별개의 일이니 나라가 망할지라도 따를 수 없소이다."

최명길은 당당하게 거부하고 잡혀간 포로들을 데리고 돌아왔다. 그리고 임금에게 척화를 주장했던 신하들을 용서해 주기를 청하고 김상헌을 두둔했다.

얼마 후, 양주의 석실에서 은거하고 있던 김상헌의 귀에 병사 5천 명을 청나라에 보낸다는 소식이 들렸다. 김상헌은 즉시 상소를 올렸다.

"명분과 의리를 저버리면 재앙이 따르게 마련입니다. 바른 의리를 지켜 하늘의 명을 기다려야 합니다. 청나라에 맞서 치욕을 씻고 명나라와의 의리를 지키셔야 합니다."

김상헌은 계속 척화를 요청하는 상소를 올렸다. 존명사대의 명분으로 반대한 것인데, 이 명분은 조선의 건국 전 위화도 회군의 명분이었으며 인조반정 당시의 명분이 되었다. 그리고 장차 북벌론의 명분으로도 작용했다.

그 무렵 조선에는 전염병이 나돌았다. 함경감사의 장계에 따르면 굶주림과 염병으로 죽은 사람이 무려 4,300명에 이른다고 했다. 이렇게 어려운 시기에 청나라는 계속 군사를 보내라고 요구해 왔다.

김상헌이 끈질기게 척화론을 거론하고 있다는 사실을 알게 된 청나라는 김상헌을 잡아 보내라고 했다. 김상헌이 삼전도비를 훼손했다는 풍문까지 나돌자 조정은 김상헌을 심양으로 보낼 수밖에 없었다. 이때 김상헌이 심양으로 끌려가면서 지은 유명한 시가 전해지고 있다.

가노라 삼각산아 다시 보자 한강수야
고국산천을 떠나고자 하랴마는
시절이 하 수상하니 올동말동 하여라.

　한편, 1640년 청나라가 명나라를 공격할 때 조선은 어쩔 수 없이 임경업 장군에게 전선 120척과 병사 6,000명을 주어 출전하게 했다. 이때 최명길은 '상황을 보아 가능하면 명과 연락하여 청을 치라'고 임경업에게 명했다. 그러자 임경업 장군은 원병 도중 일부러 아군의 배 30여 척을 파괴하며 청나라에 풍랑을 만나서 표류했다고 보고하고는 비밀리에 명나라 군사와 합류했다.

　최명길은 청나라와 화친을 했지만 그렇다고 명나라에 대한 명분과 의리를 저버린 것은 아니었다. 임경업과 승려 독보를 통해 명나라와 비밀리에 연락하면서 여러 가지 일을 도모했다. 명나라가 몰락하기

직전에는 독보를 보내어 '상황이 부득이하여 더 이상은 명나라를 도울 수 없다'는 뜻을 전하기도 했다.

  그러나 이러한 최명길의 행동은 곧 청나라에 알려지게 되었다. 청나라에 항복한 홍승주라는 명나라 사람이 조선이 명나라와 내통하고 있다고 청나라에 고발했기 때문이었다. 청에서는 이 일을 문제 삼았다. 그러자 조선 조정에서는 사실을 감추거나 임경업에게 책임을 미루자고 했다. 하지만 최명길은 자신의 뜻을 전했다.

  "천하에 명분과 의리를 세우려고 하다가 죽게 되었다고 해서 남에

게 미룰 수는 없다. 조선을 대신하여 나와 임 장군이 이 때문에 죽어야 후세 천하에 할 말이 있게 된다."

이렇게 말하며 최명길은 장례도구까지 준비해 갔다. 이때 함께 끌려가던 임경업은 탈출하여 명나라로 망명했다.

최명길은 이렇게 성리학적 명분과 의리를 벗어나지 않는 선에서 최대한 현실에 맞게 행동했다. 그는 성리학적 명분 때문에 괴로워하기도 했다. 그런 마음을 이렇게 시로 읊기도 했다.

산성에서 죽지 못한 것이 모두 죄이러니
춘풍을 보고 울며 두견에게 절하노라

김상헌과 최명길은 청나라에 끌려가면서도 자신의 뜻을 굽히지 않았다. 이렇듯 둘은 서로의 신념이 달랐지만 자신의 신념에 맞게 당당하고 일관된 자세를 보였다.

결국 심양으로 끌려가게 된 두 사람은 과연 어떻게 되었을까?

서울 송파구 잠실동 47번지에 있는 **삼전도비**

감옥에서 만난 김상헌과 최명길

오랫동안 맺힌 오해, 웃음으로 풀다

1640년 심양으로 끌려간 김상헌은 사형수를 가두는 북관 감옥에 갇혔다.

"어째서 우리가 조선에 요구할 때마다 반대를 하는가?"

김상헌을 끌어낸 용골대가 물었다. 백발이 늘어진 김상헌의 양손은 움직일 수 없도록 뒤로 묶여 있었다. 오랜 심문으로 얼굴이 파리해졌지만 여전히 몸은 꼿꼿했다.

"임금과 신하 사이는 부모 자식 사이와 같으니 내 생각을 말하지 않을 수 없다. 내가 비록 늙고 병들었어도 어찌 임금을 사랑하는 마음이 없겠는가?"

눈썹이 하얗게 센 김상헌의 목소리는 젊은이처럼 카랑카랑했다.

"그렇다면 산성에서 나올 때 왜 임금과 함께 나오지 않았나?"

"늙고 병들어 걸을 수 없었고, 병이 좀 나은 후에 지방으로 갔다."

"그렇다면 왜 벼슬을 받지 않았는가?"

"늙고 병들었으므로 조정에서 벼슬을 주지 않았다."

"늙고 병들어 벼슬살이도 못 한다면서 상소는 어떻게 올릴 수 있었는가?"

용골대는 비웃듯이 물었다.

"벼슬을 하기에는 힘이 부족하지만 생각을 말하는 것이 무엇이 어려운가? 하지만 내가 말했어도 임금님께서 내 말을 듣지 않으셨으니 지금 심문하는 일들은 나와 상관이 없다."

김상헌이 당당하게 말하자 용골대는 인상을 찌푸렸다.

"더 이상 물어보기도 지쳤다. 이런 고집불통 노인네 같으니."

용골대는 청나라 태종에게 가서 김상헌을 사형시키자고 권했다.

"조선이 전부터 우리 말을 듣지 않은 것은 모두 이들의 잘못된 의견에서 비롯된 것이다. 그 죄는 만 번 죽여도 아깝지 않다. 하지만 이번에 사신이 갔을 때 여러 가지 일에 대해 이미 조선이 잘못했다고 했다. 그리고 이 죄인들을 즉시 잡아 보냈으니 이제 조선의 옛 잘못은 다 덮고 이들의 죄도 용서해 주어라."

청나라 태종이 이렇게 말하자 용골대는 더 이상 말하지 않았다. 용골대는 다리의 상처가 심해진 김상헌을 의주로 보내고 이를 감시하게 했다. 하지만 의주로 간 김상헌은 이계의 일로 다시 심양으로 끌려 왔다. 선천부사였던 이계가 명나라 상선과 밀무역하다가 청나라에 발각

되자 빠져나갈 방편으로 최명길이 명나라와 비밀리에 연락한다는 것과 조선의 내부 사정을 청나라에 알린 사건이었다. 조선에서는 의금부도사를 청나라로 보내 이계를 죽였지만 이미 최명길도 심양으로 끌려와 북관에 갇혀 있던 중이었다. 용골대는 김상헌과 최명길을 따로따로 심문했다.

"전에 잡혀왔을 때 그 죄가 심했지만 늙고 병든 사람을 죽이기가 뭐해 의주로 보냈었다. 그후로 잘못을 뉘우치고 다시는 그러지 말아야 하는데 또 국사에 간여하며 일을 방해하다니, 이게 무슨 짓인가? 신하들이 이계를 죽이지 말라고 상소를 했는데 왜 끝까지 우겨서 죽게 만든 것인가?"

용골대는 김상헌에게 물었다. 김상헌은 다리의 상처가 심하여 몸을 똑바로 하지 못하고 비스듬히 앉아 다리를 뻗었다.

"나라에서 이미 정한 일은 비록 조정에 있는 신하라도 바꿀 수 없거늘, 하물며 죄를 입고 외지에 나와 있는 신하가 어찌 감히 관여할 수 있단 말인가? 국사에 간여하고 사신을 지휘하는 것은 곧 권세를 좋아하는 자가 하는 일이다. 내가 만약 권세를 좋아했다면 이미 권세 있는 직책을 맡았을 것이다. 내가 늙고 병들어 스스로 물러났는데 다시 권세를 좋아할 리가 있겠는가? 다만 이계는 그 할아비와 아들, 손자 3대가 나라를 배신한 죄가 크니 내가 대간으로 있을 때 이미 죄를 물었다. 그 후로 그가 이를 갈며 독을 품어 항상 내게 보복하려 했다는 것은 모두가 알고 있다."

계속 캐물었지만 김상헌에게서 더 알아낼 것이 없자 용골대는 심문을 마쳤다. 그리고는 다른 방에 갇혀 있던 최명길을 불러 심문했다.

"우리와 강화를 맺는 데 기여했던 네가 명나라와 몰래 연락을 한 것은 조선의 뜻이 거기에 있기 때문이 아니냐?"

"그 일은 서해안의 방어를 위하여 간첩을 파견한 것뿐이며 임경업과 나 단둘이 모의했고 왕은 관여하지 않았다. 오직 조선을 위해 한 것뿐이다."

최명길은 당당하게 답했다.

"이계에 의하면 반정할 때 공을 세운 신하들이 그 공을 믿고 나랏일을 마음대로 하는 데도 임금이 벌하지 못한다고 하던데, 그래서 신하들이 명나라와 연락하는 것을 임금이 알고도 일부러 막지 않은 것이 아니냐?"

용골대가 눈을 가늘게 뜨고 물었다.

"내가 바라는 건 국가의 안위와 백성들의 어려움을 해결하는 것이다. 나는 우리나라를 위해 부모 나라인 명나라와의 관계도 끊어지면 안 된다고 생각했을 뿐이다. 이것은 오로지 나의 생각일 뿐 조선 조정의 뜻은 아니다."

최명길은 모든 죄를 혼자 뒤집어쓰기로 각오했다.

용골대는 여러 질문으로 유도했지만 최명길은 넘어가지 않았다. 심문을 끝내고 감옥으로 돌아온 최명길은 벽에 머리를 기댔다. 온몸의 기운이 쭉 빠져나가는 듯했다.

"여보게, 지천 대감."

벽 너머에서 김상헌의 목소리가 들려왔다. 최명길보다 먼저 심문을 당한 김상헌은 최명길이 심문당할 때 한 말을 모두 듣고 있었다. 물론 최명길도 김상헌이 심문당하는 소리를 모두 들었다.

"예, 청음 대감."

"내가 지금까지 대감을 잘못 생각했소이다. 대감이 권력을 유지하기 위해 나라를 팔아먹었다고 생각했는데 내 생각이 틀렸소이다. 나를 용서하시오."

김상헌이 말하자 최명길이 지쳐서 잠긴 목소리로 답했다.

"허허, 나도 대감이 적에게 굴복하지 않고 끝까지 버티는 모습을 보고 생각이 바뀌었소. 이름을 얻기 위해서 그러는 줄 알았었는데 피차 일반이오."

둘은 감옥 벽이 울리도록 웃었다. 쿨룩쿨룩 기침이 터져 나오면서도 그동안 맺힌 오해를 웃음으로 풀었다.

"내 시 한 수 읊을 테니 들어보겠소?"
김상헌은 눈을 감고 시를 읊었다.

조용히 두 사람의 생각을 헤아려 보니
문득 오랜 의심이 풀리는구나.

시를 듣고 빙긋이 웃던 최명길이 시로 답했다.

그대 마음 돌 같아서 돌리기 어렵고
나의 도는 고리 같아 때에 따라 돌고 도는구나.

감옥에 갇힌 동안 둘은 학문에 대해서 깊이 있는 대화를 나눌 수 있었다. 최명길이 원칙을 의미하는 '경(經)'과 그것을 시행하는 방법인 '권(權)'에 대하여 묻자 김상헌은 이렇게 표현했다.

성공과 실패는 하늘에 따른 것이니

모름지기 모든 것은 의로 돌아가야 하네.

아침과 저녁은 바꿀 수 있지만

웃옷과 아래옷을 바꿔 입을 수는 없지 않나.

권은 지혜로운 이도 그르칠 수 있으나

경은 보통 사람들도 어길 수 없으니

이치 밝은 선비에게 말하노니

급한 때라도 저울질은 삼가야 할진저.

이에 최명길이 화답했다.

고요한 곳에서 여러 움직임을 볼 수 있어야

참된 합의점을 이루리라.

끓는 물과 얼음 모두 같은 물이고

털옷과 삼베옷도 모두 옷이려니

혹 일이야 때에 따라 달라질지라도

어찌 속마음이 정도에서 어긋나리오.

그대 능히 이 이치를 깨달아

말 없이 각자 하늘의 이치를 지켜 나가세.

둘의 이 옥중문답은 함께 갇혀 있던 이경여에 의해 조선 조정에까지 알려졌다. 조정 대신들은 둘의 이 문답을 듣고 감탄했다.

이후로 최명길의 아들이 많은 재물을 가지고 심양으로 가서 최명길을 구하려 할 때 김상헌의 죄도 덜기 위해 동분서주했다. 그러는 동안 둘은 더욱 돈독해졌다. 인조반정 이후로 쌓이기 시작했던 김상헌과 최명길의 오해가 풀어지게 된 것이었다.

다시 조선으로 돌아온 두 사람 그리고 그 이후

청나라는 명나라가 망하고 나자 조선에 대해 너그러워졌다. 그래서 1645년 소현세자와 그 일행들을 조선으로 돌려보내기로 했다. 이때 김상헌과 최명길도 감옥에서 풀려났다. 용골대는 둘에게 청나라 황제가 있는 서쪽을 향해 감사의 절을 하라고 했다.

"황은에 감사하옵니다."

최명길은 김상헌을 부축하며 말했다.

"난 허리가 아파 일어나지 못하겠소."

김상헌은 그대로 주저앉았다. 최명길은 혼자 일어서서 서쪽으로 네 번 절을 했다. 하지만 김상헌은 용골대가 아무리 일으켜 세워 절을 시키려 해도 끝내 일어서지 않았다.

용골대는 "대단한 고집쟁이군" 하며 가 버렸다.

김상헌은 죽어도 오랑캐에게는 굴하지 않겠다고 생각했고, 최명길은 형식적인 절 따위는 아무렇지도 않게 생각했다. 둘은 끝까지 자신들이 추구하는 바를 굽히지 않았던 것이었다.

일찍이 최명길은 이렇게 말했다.

"군자의 믿을 바는 마음이니 마음에 구하여 부끄럽지 않으면 외형은 개의할 바가 아니다."

그는 김상헌의 척화는 원칙을 지키는 것이나 자신의 척화는 원칙을 알고 그것을 바탕으로 정당한 방법을 쓸 줄 아는 것이라고 생각했다.

인조는 청나라에서 돌아온 김상헌을 보려 하지 않았다. 척화파 주장대로 행동을 했다가 청나라 태종에게 절을 하는 치욕을 당했다고 생각했기 때문이었다.

김상헌은 벼슬을 단념하고 양주 석실로 들어가 학문을 닦았다. 김상헌의 의기를 존경하는 선비들은 김상헌을 다시 조정으로 불러내기를 인조에게 청했다. 하지만 인조가 탐탁치 않게 여기고 있다는 것을 안 김상헌은 그곳에서 조용히 지냈다.

김상헌과 최명길이 청나라에서 돌아온 후 한 달이 조금 지났을 때였다. 함께 돌아온 소현세자가 갑자기 병으로 죽었다. 갑작스런 세자의 죽음에 대해 의심하는 신하들도 있었다. 하지만 인조는 급하게 장례를 치르고 세손이 아닌 봉림대군을 세자로 책봉했다. 뭔가 잘못되었다는 것을 느꼈지만 늙고 병든 최명길로서는 어찌할 방법이 없었다. 그는 벼슬을 내놓고 진천으로 내려가 거기서 초가집을 짓고 남은

생을 보내려고 했다. 하지만 인조는 그를 놓아주지 않았다.

다시 최명길이 조정으로 나왔을 때 호서지역에 도적떼가 일어났다. 오랜 친구인 이시백이 이를 수습하러 호서지역으로 내려갔다.

"군사를 더 보내야 합니다."

난이라면 치를 떠는 조정 대신들은 부산을 떨었다. 백성들은 또 '난리가 일어나는 건가' 싶어 무서워했다.

"이시백 장군의 힘만으로도 충분합니다. 지금 군사를 더 모으는 것은 민심만 불안하게 할 뿐입니다."

최명길은 군사 모으는 것을 중지시켜 민심을 안정시켰다. 그의 말대로 이시백이 도적떼를 모두 소탕하고 올라왔다.

겨우 좀 나라가 안정되어 갈 무렵, 세자빈 강씨가 인조를 죽이려 했다는 오해를 받고 있었다. 인조는 세자빈 강씨에게 사약을 내려야 한다고 생각했다.

"어찌 확실한 물증도 없이 인척간에 죽음을 명할 수 있습니까? 임금의 덕으로 작은 허물은 덮어 줌이 옳다고 생각합니다."

 최명길은 반대했지만 인조의 뜻을 꺾을 수는 없었다. 결국 강빈은 사약을 받고 말았다.

 '이제 내 힘으로 할 수 있는 일은 아무것도 없구나.'

 허탈한 심정으로 건강이 더욱 나빠진 최명길은 도저히 조정일을 볼 수 없게 되었다. 그리하여 최명길은 벼슬을 내놓고 지방으로 내려갔다. 그러자 갖은 비난이 쏟아졌다. 명나라와의 의리를 저버리고 오랑캐와 손을 잡았다는 것이 그 이유였다. 그의 현실적인 정책들은 그가 벼슬을 내놓고 물러나자 대부분 없어졌고, 자신에게 쏟아지는 비난으로 몸은 더욱 쇠약해졌다.

그러고 있을 무렵 심기원의 역모 사건이 일어났다. 좌의정이던 심기원이 남한산성 수어사를 겸할 때, 회은군 이덕인을 왕으로 세우려는 역모를 꾸몄다는 고발로 심기원이 능지처참된 사건이었다.

이때 임경업이 연루되어 청나라에서 소환되었다. 명나라로 망명했던 임경업은 명나라 장수가 되어 청나라와 싸우다가 명나라가 멸망할 때 청나라로 잡혀가 있었다.

> **심기원의 역모 사건**
> 인조 22년인 1644년, 좌의정이던 심기원이 회은군 이덕인을 왕으로 세우려는 역모 고발로 능지처참을 당한 사건이다. 심기원은 인조반정 때 유생 신분으로 반정에 참가하여 일등공신이 된 인물로, 정묘호란과 병자호란을 거치면서 벼슬이 올라 좌의정에 임명되었다. 남한산성 수어사를 맡으면서 인조를 상왕으로 올리고 회은군이나 소현세자 중에서 왕을 세우려는 계획을 세우다가 탄로가 났는데, 발각되자마자 곧바로 능지처참되어 억울하게 누명을 쓴 게 아니냐는 의심을 받은 사건이다.
> 이 사건에 연루되어 회은군도 죽임을 당하고, 나중에 임경업도 청에서 끌려와 국문을 당하다가 죽었다. 이 사건 이후로 김자점이 정권을 독점하지만 7년 뒤 김자점도 심기원과 똑같이 역모 죄로 능지처참되었다.

임경업이 역모에 연루되어 억울하게 죽는 것을 본 최명길은 마음이 아팠다. 함께 죽음을 무릅쓰고 명나라와의 관계를 이어갔던 임경업이었는데 모진 고문으로 죽임을 당했기 때문이었다. 최명길이 그토록 없애려고 했던 파벌 간의 다툼, 붕당정치의 희생양이 되었던 것이었다.

그 무렵 최명길의 병은 더 심해졌다. 인조는 밤중에 문병을 보내고 의관과 약재를 보냈다. 최명길은 임금의 문병에 감격하여 눈물을 흘렸다.

그러나 최명길은 1647년 5월 17일, 62세의 나이로 세상을 떠났다. 인조는 그 소식을 듣고 여러 날 동안 깊은 애도의 뜻을 표했고 그의 장례를 보살폈다. 최명길이 죽은 후 인조는 시호를 문충이라 내렸다. 그는 청주 선영 아래 묻혔다. 지금의 청원군 북이면 대율리이다.

그가 남긴 저서로는 《지천집》, 《비상잡저》, 《맹자의》, 《주자의》, 《쾌변설강》, 《세심록》 등이 있다.

1649년 효종이 즉위한 후 김상헌은 대현으로 추대받아 좌의정에 임명되었다. 김상헌은 수차례 은퇴의 뜻을 밝히며 임금에게 인재를 기르고 북벌이라는 대업을 완수할 것을 강조했다. 끝까지 척화를 주장하며 청나라에 굽히지 않은 그의 행동은 조선 지배층에게 존경과 지지를 받았다.

83세까지 장수를 누린 김상헌은 죽을 때까지 평온한 말년을 보냈다. 벼슬을 그만두고 자신의 거처로 돌아간 그는 글을 쓰며 삶을 정리했다. 1652년 그가 죽은 뒤 문정이라 시호를 받았다. 그의 묘는 남양

우암 송시열

조선 후기의 문신으로, 파벌로 정권을 다투던 붕당정치가 절정에 이르렀을 때 서인들 중에서 노장년층이 중심이 된 노론의 우두머리이자 사상적 지주로 활동했다.
1633년(인조 11년)에 생원시에 장원급제하고 최명길의 천거로 경릉 참봉이 되었다. 1635년 봉림대군의 사부가 되었다가 병자호란 때 인조를 따라 남한산성에 들어갔으나 인조가 항복하면서 소현세자와 봉림대군이 청나라에 인질로 잡혀 가자 낙향하여 10여 년간 초야에 묻혀 학문에 몰두했다.
봉림대군이 1649년 효종으로 왕위에 오르자 다시 관직에 나왔으나 김자점이 영의정에 오르자 벼슬을 그만두고 물러났다가 1658년에 관직에 복귀하여 효종과 함께 북벌계획을 추진했다.
송시열은 삼강(三綱)과 오상(五常)을 기본 덕목으로 하는 강상윤리를 강조하고, 이를 통해서 국가와 사회 기강을 확립하고자 했다. 그의 주자학적인 정치, 경제, 사회 사상은 조선 후기 성리학의 정통적 흐름이자 가장 강력한 지배 이데올로기로 작용했다.

주시 와부읍 덕소리에 있다.

김상헌은 《청음집》, 《야인담록》, 《독례수초》, 《남사록》 등의 저서를 남겼다.

이런 그의 학풍을 이어받은 사람은 산림의 거두로 지목되었던 우암 송시열이었으며, 그의 사상은 이후 북벌운동과 통상수교 거부정책으로 이어졌다.

김상헌의 후손은 노론이 되어 세력을 잡고 나중에 안동 김씨의 권세까지 누렸다. 성리학적 명분론이 조선왕조 지배층을 위한 것이었기 때문에 이를 이어받은 후손이 세도정치까지 하게 되었다.

반면 최명길의 후손은 소론이 되어 정치적 힘을 잃게 되었다. 세력을 잃게 된 최명길의 후손들은 강화도로 들어가 양명학파를 형성하며 외로운 현실 비판의 길을 걸었다.

김상헌의 집안은 대대로 벼슬과 문장으로 그 명성을 이어갔다. 그의 후손에서만 부자 영의정, 형제 영의정, 부자 대제학 등 12명의 정승과 3명의 왕비가 나왔다.

조선지배층이 실리보다 명분을 중시했기 때문에 김상헌의 정신은 선비들을 통해 대대로 이어졌다. 하지만 이를 이어받은 후손이 세도정치를 해서 나라를 어지럽게 만들자 후대에는 이에 대한 비판 의식도 생겨났다.

최명길은 당시 선비들에게서 임금의 눈을 흐리게 하여 나라를 팔아먹었다고 비판을 받았다. 하지만 후에 실학을 공부하게 된 선비들에게 현실에 맞게 행동을 잘했다는 긍정적인 평가도 받게 되었다.

 에필로그

　성리학이라는 학문을 같이 공부하고도 어떻게 해석하느냐에 따라 다른 선택을 하게 된 김상헌과 최명길.

　명분과 의리를 지키기 위해 목에 칼이 들어와도 자신의 뜻을 굽히지 않은 김상헌, 나라와 백성을 위해서라면 자신의 명예 따위는 개의치 않았던 최명길.

　두 사람은 함께 청나라 감옥에 갇혀서야 서로의 깊은 뜻을 이해하게 되었습니다. 물론 이해한다고 해서 뜻을 함께하는 것은 아닙니다. 서로의 다름을 인정하고 존중하게 되었다는 것입니다.

　당대에는 '나라를 팔아먹은 자'라고 갖은 억측과 비난 속에서 꿋꿋이 자신의 뜻을 지켜간 최명길은 시간이 흐른 뒤에야 조금씩 그 진실이 밝혀져 후대에 오명을 벗게 된 사람입니다.

당대에는 성리학적 명분론에 따라 목숨을 건 충신으로 인정받은 김상헌은 그 뜻을 이어받은 사람들이 조선 후기를 이끌어 가면서 오히려 조금씩 의문을 받게 된 사람입니다.

명나라와 청나라 교체기 당시 흔들리는 조선의 지배층을 위해서는 김상헌의 논리는 정말 필요한 것이었습니다. 또한 최명길의 시대와 상황에 따른 변통론도 그 당시 조선 상황에서는 꼭 필요한 일이었습니다. 어느 관점에서 바라보느냐에 따라 둘의 행동은 비난을 받을 수도 칭찬을 받을 수도 있을 것입니다.

이렇듯 같은 상황을 바라보는 시선은 다릅니다. 시선 혹은 관점에 따라 옳고 그름은 다르게 보입니다.

중요한 것은 둘 다 나라를 생각하는 마음은 같았고 그 방법이 달랐지만 서로가 서로를 인정하고 이해하려고 했다는 것입니다.

우리의 생각은 모두 다릅니다. 다르다는 것은 틀리다는 것이 아니지요. 자신이 옳다고 생각하는 것을 믿고 행동하는 것도 중요하지만, 나와 다른 생각을 가진 사람을 인정하고 이해하는 자세도 그만큼 중요합니다.

우리가 사는 사회에는 다양한 사람들이 살고 있고, 그 사람들은 다양한 생각을 가지고 있습니다. 게다가 지구촌 시대라고 해서 세계가 하나의 마을처럼 긴밀하게 관계를 맺고 있습니다. 우리는 이렇게 다양한 생각을 가진 사람들과 더불어 살고 있지요. 김상헌과 최명길처럼 서로 다른 생각을 가지고 있지만 서로를 인정하고 이해하는 자세가 필요한 때입니다.

앞으로 우리가 살아가면서 사람들과의 관계에서 어떤 '선택'을 하게 될 때 최명길과 김상헌의 삶을 떠올려 보면 어떨까요?